HAUTS LIEUX
DE LA GRANDE GUERRE

À la mémoire de

MAURICE GENEVOIX *de l'Académie française* (1890-1980),
lieutenant au 106e R.I., blessé au combat à la tranchée de Calonne,
le 25 avril 1915;

EUGÈNE-EMMANUEL LEMERCIER (1896-1915),
artiste peintre, sergent au 106e R.I., disparu aux Éparges,
le 6 avril 1915;

ANDRÉ MAILLET (1889-1968), professeur de lettres,
soldat de 2e classe au 23e R.I.

et de tous les autres.

REMERCIEMENTS

Bernard Giovanangeli exprime sa vive gratitude et l'hommage de son amitié à M. Gilles Seegmuller,
sans qui la réalisation de ce livre n'aurait pas été possible,
et remercie de leur aide Mme Anne Roze,
Mlle Anne Dutheil,
M. Jean-Pierre Verney,
M. René Clémenti,
M. le Général de Percin, Président du Souvenir Français,
le lieutenant Franck Beaupérin,
Mme Jacques Desroches, MM. Jacques Baur, Olivier Dautriat,
Jean-Paul Fréjabue, Alain Jeannesson, Jean-Claude Minmeister,
Antoine Ortholan, Anthony Petiteau, Albert Varoquier.

Conception graphique: Gilles Seegmuller.

Cet ouvrage est coédité avec le ministère de la Défense,
Secrétariat général pour l'administration, Direction de la mémoire, du patrimoine et des archives.

HAUTS LIEUX
DE LA GRANDE GUERRE

SOUS LA DIRECTION DE BERNARD GIOVANANGELI

TEXTES DE CHRISTIAN BENOIT, PHILIPPE CONRAD, ALAIN DAUTRIAT,
ÉRIC LABAYLE, HENRI ORTHOLAN, ANNE ROZE
PHOTOGRAPHIES DE JOHN FOLEY, BERNARD MARC, GILLES SEEGMULLER

BERNARD GIOVANANGELI ÉDITEUR / MINISTÈRE DE LA DÉFENSE

LE MONUMENT DU 152e R.I.
AU SOMMET DE L'HARTMANNSWILLERKOPF.

SOMMAIRE

LE MONT DES SINGES APRÈS LES COMBATS DE 1917
AU CHEMIN DES DAMES.

« LES FANTÔMES » DE LANDOWSKI SUR LA BUTTE CHALMONT.

Terre sacrée

À l'ouest de l'Europe, la Grande Guerre s'est déroulée presque entièrement sur le sol de la France. Entrée dans le département du Nord le 25 août 1914, l'armée allemande était encore dans celui de la Meuse le 11 novembre 1918. 1 400 000 jeunes Français morts, 300 000 mutilés, 2 000 000 frappés d'une incapacité partielle, des villes détruites, des villages rayés de la carte… Pas une de nos familles qui n'ait été touchée par la tragédie d'où est issu ce XXe siècle, moins humain et plus « machiniste », dont nous vivons aujourd'hui le couchant.

L'expérience du feu avait cousu la bouche de la majorité des combattants qui y avaient survécu. Les témoignages de certains d'entre eux disaient pourtant la violence du conflit. Les paysages de guerre aussi. Là où le soc de la charrue ouvrait la terre féconde, il n'y avait plus que cratères remplis d'une vase empoisonnée; là où chantait auparavant la perdrix ou l'alouette, on n'entendait plus que le croassement des corbeaux au-dessus des étendues sinistres; là où les forêts avaient déployé leurs frondaisons, il ne restait plus que des tronçons épars émergeant d'un chaos de pierre et d'acier. Partout, dans ces sols éventrés, parcourus de rides profondes, la guerre avait enfoui des corps martyrisés. Les croix et les stèles plantées au-dessus des cadavres identifiés sanctifiaient déjà ces sites funestes.

Des noms de batailles jalonnent le calvaire des combattants de 1914 à 1918. Dans les provinces du nord et de l'est de la France, rien ne prédestinait un point plutôt qu'un autre à devenir un haut lieu des combats de la Grande Guerre. Certes, chacun des états-majors estimait les intentions de l'adversaire, les confrontait avec ses plans, mais l'action de guerre, selon la définition qu'en a donné de Gaulle, a pour particularité sa contingence. Les conceptions stratégiques, la sanction de l'exécution qu'elles reçoivent, désignent le théâtre des opérations: les choix tactiques impriment leur marque à l'affrontement; les enjeux patriotiques et militaires qui s'y attachent, la conduite des troupes au feu achève d'en déterminer la nature. C'est l'héroïsme des combats, l'idéal qui en est le socle, la signification morale du sacrifice collectif et la mémoire que les hommes en gardent, qui font d'un champ de bataille un haut lieu. Cette élection ne se décrète pas. Elle s'impose aux contemporains comme aux générations suivantes.

De la mer du Nord aux Vosges, le temps et la main de l'homme ont transformé les paysages que la guerre avait dévastés. Certains ont leurs cicatrices, leurs monuments et leurs fantômes qui ne laissent pas d'impressionner. D'autres, sans vestiges apparents, semblent plus apaisés. Mais quelque dissemblables que soient ses aspects, la terre qui a bu le sang des soldats ne sera plus jamais ce qu'elle fut. Il émane d'elle une mélancolie majestueuse. Il y a, osons le mot, une poésie de ces lieux augustes, une poésie toute revêtue de spiritualité. Une émotion nous la dévoile. Quelques tombes encloses au milieu de la glèbe. Le timbre pur d'une cloche qui résonne. Le visible révèle l'invisible. Une symphonie mystérieuse et supérieure traverse nos fibres. Appelons-la un sentiment d'éternité.

Les hauts lieux militaires français et alliés de 14-18 sont des « sommets ». Ceci est vrai de leur relief, mais aussi du paroxysme de la souffrance qui les a consacrés et encore de leur toute-puissance à nous détacher aujourd'hui des vicissitudes matérielles. Hier, zones de mort atroces, ils sont parfois devenus des sanctuaires qui appartiennent à la géographie sacrée de la France. Il en est ainsi de Verdun, ce nom suprême, connu de tous et par tous associé à l'abnégation de nos aînés, mais aussi de Notre-Dame de Lorette en Artois, déjà vouée au culte avant de l'être au carnage. Les champs de bataille de l'ancienne ligne de front étirée des Flandres à l'Alsace sont différents par leur histoire et leur caractère, mais tous sont émouvants de grandeur et de silence. Le plateau du Chemin des Dames, dont les sillons portent le deuil des immolés, la crête tragique des Éparges, sur laquelle le soleil verse une larme d'or pâle, l'Hartmannswillerkopf, dont la croix sommitale touche le ciel face au Rhin… il n'est pas de haut lieu de la Grande Guerre qui n'incline au recueillement et à la méditation. Puisse la lecture de ce livre préluder à leur découverte.

BERNARD GIOVANANGELI

DES POILUS ROMPUS DE FATIGUE À DEMI ENSEVELIS
DANS LA TERRE QU'ILS DÉFENDENT.

SILLONS MEURTRIERS. DES FANTASSINS FRANÇAIS CLOUÉS AU SOL PAR LE FEU DE L'ENNEMI.

AU PIED DE LA COLLINE DE MONDEMENT. UN SITE AGRESTE AUTREFOIS ENSANGLANTÉ.

La Marne, 1914

Mondement

La France décrète la mobilisation générale le 1er août 1914. L'Allemagne lui déclare la guerre deux jours plus tard. Trois millions de Français de vingt-quatre à quarante-huit ans quittent familles et amis et abandonnent leurs métiers pour gagner les dépôts. Si les villes connaissent un certain enthousiasme, en revanche la consternation règne dans les campagnes alors que les moissons vont bientôt commencer. La séparation des familles se fait le plus souvent dans le silence et la confiance; chacun est persuadé que la guerre ne durera pas.

Unités rassemblées et perceptions faites, il faut partir. Le départ signifie bien sûr l'embarquement dans les trains pour la frontière. Mais auparavant, les régiments font leurs adieux. Alignés sur les places d'armes, hommes et cavaliers répètent le même cérémonial. Présentation au colonel, honneurs au drapeau, hymne national… Les civils sont aux grilles des quartiers, les hommes se décoiffent quand retentit *la Marseillaise,* les femmes ne disent rien et espèrent…

C'est le départ. Nous pouvons encore voir, de nos jours, apposée à l'entrée des casernes, une plaque rappelant que « le 4 août 1914, [telle unité] a quitté cette caserne pour repousser l'envahisseur aux frontières… ». Drapeau et musique en tête, les compagnies prennent alors la direction de la gare de chemin de fer, au pas cadencé, arme sur l'épaule, baïonnette au canon. Les escadrons passent au trot, les pièces d'artillerie mêlent le bruit des roues à celui des sabots des chevaux. La France voit ses fils partir au combat. Qui se doute des épreuves qui les attendent?

Les premières opérations ont commencé dans la nuit du 3 au 4 août 1914, lorsque les armées allemandes ont pénétré dans le Luxembourg et la Belgique. Aussitôt, garante de la neutralité belge, la Grande-Bretagne déclare la guerre à l'Allemagne. Puis, sous la direction du général von Moltke, chef du Grand État-Major, c'est la mise en œuvre du plan Schlieffen, gigantesque plan d'invasion destiné à déborder les armées françaises par la Belgique.

Dans le camp français, on déclenche le plan XVII, simple plan de concentration aux frontières. Puis le général Joffre, chef de l'État-Major général, généralissime commandant les armées du Nord et de l'Est, prendra l'offensive.

Les armées françaises attaquent, en Alsace d'abord, puis en Lorraine où, le 20 août, Joffre lance deux armées contre les positions allemandes et bavaroises. Toutes deux se font écraser.

L'ennemi traverse Bruxelles le 21, et le lendemain il heurte de front les armées françaises dans les Ardennes belges et les refoule avec vigueur. Le 23, il franchit la Sambre, alors qu'à Mons, le Corps expéditionnaire britannique du maréchal French doit reculer. Puis à Charleroi,

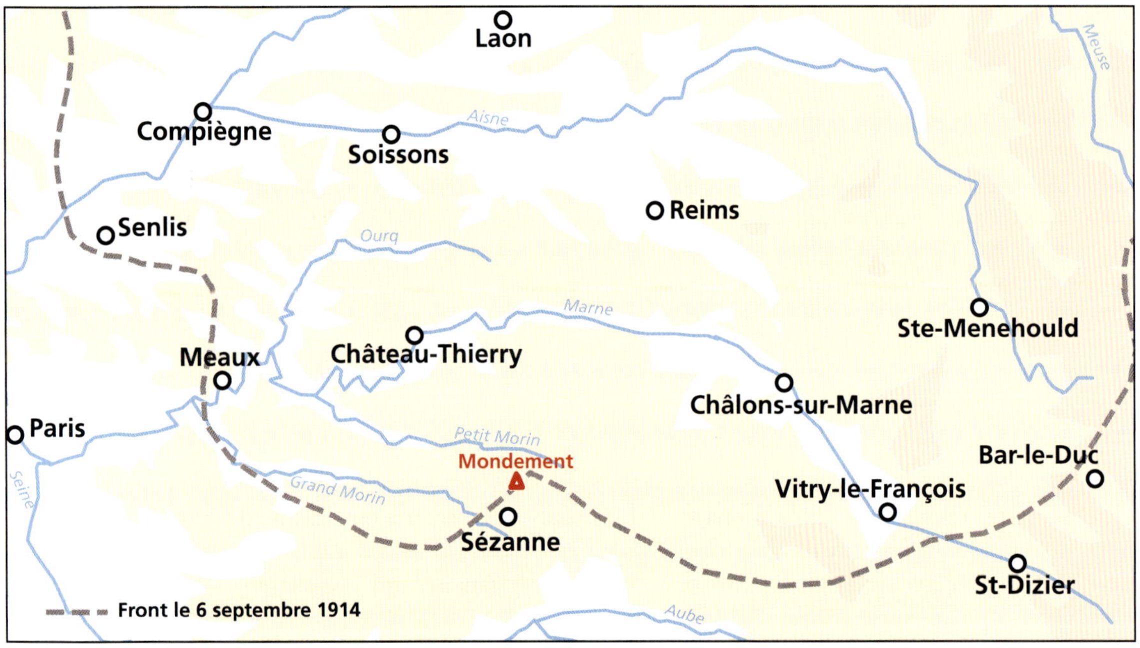

voici trois armées allemandes contre une seule, dont le chef, le général Lanrezac, voit le danger à temps et ordonne la retraite.

Joffre ordonne enfin, le 25 août, la retraite générale. Les armées allemandes déferlent aussitôt sur le territoire français. Bientôt les armées françaises seront enveloppées et contraintes à la capitulation.

Or, le 26 août, les Britanniques se font étriller au Cateau et accélèrent la retraite. Pour les dégager, Joffre ordonne à Lanrezac de contre-attaquer. Ce sera le brillant retour offensif de Guise, le 29, contre la IIe armée de von Bülow dont la Garde prussienne est reconduite de l'autre côté de l'Oise. Surpris, les Allemands infléchissent leur mouvement vers le sud et menacent Paris de plein fouet. Puis, cherchant décidément à réduire l'armée de Lanrezac, ils orientent leur mouvement vers le sud-est et délaissent Paris sur leur droite. L'armée de von Bülow, quant à elle, s'apprête à traverser la Marne. De là, elle poursuivra son chemin vers Sézanne et Fère-Champenoise par les marais de Saint-Gond.

Situés au sud d'Épernay, les marais de Saint-Gond occupent, entre la route de Montmirail à Châlons et celle de Paris à Vitry-le-François, à la limite de la Brie, une plaine de près de 20 kilomètres d'est en ouest et de quatre du nord au sud. Autrefois véritables marécages, partiellement assainis, ils ont été rendus praticables, depuis, par de modestes routes. Au sud, le petit village de Mondement s'accroche à flanc de coteau : sur la crête, le cimetière, dont le mur entoure une petite église ; à quelques pas de là, le château lui-même. Cette vieille bâtisse, dont l'existence est attestée dès 1561, est flanquée de deux tours rondes ; elle s'ordonne autour d'une cour rectangulaire et domine vers le nord la plaine de Saint-Gond tout en offrant une vue lointaine sur les hauteurs de Brie. À l'est, voici le mont Août, et, au loin vers le nord-est, le mont Aimé.

Le Petit Morin prend sa source dans les marais pour se jeter dans la Marne à La Ferté-sous-Jouarre. Au sud, la forêt reprend ses droits et la ville de Sézanne borde les hauteurs de Brie en regardant à l'est vers Fère-Champenoise, où s'étend la Champagne pouilleuse, plaine crayeuse faiblement ondulée où aucun véritable obstacle naturel ne permet de mener un combat défensif.

Mondement marque nettement sur le terrain la limite de l'avance allemande en septembre 1914. C'est là que la 9e armée du général Foch résiste pied à pied à l'envahisseur. C'est là que le coup d'arrêt infligé à l'ennemi atteint son paroxysme. C'est de là qu'il commence à refluer vers le nord lors de cette bataille retenue par l'histoire comme bataille de la Marne. Point d'arrêt définitif de l'invasion, il est marqué par un gigantesque menhir érigé à la gloire des alliés français et britanniques vainqueurs de cette bataille.

Si le visiteur s'intéresse aux abords du château de Mondement, il notera sur le mur extérieur, à droite de l'entrée, la présence d'une plaque évoquant le rôle déterminant du général Humbert dans les combats qui se sont déroulés ici. De même, s'il veut bien franchir la grille du cimetière tout proche, et si en longeant l'église il poursuit sur sa droite jusqu'au mur, il remarquera trois grandes plaques gravées dont l'une rappelle que, d'un côté les Français du 77e régiment d'infanterie de Cholet, de l'autre les Allemands du 164e régiment d'infanterie de Hanovre, se sont disputé chèrement les murs du château le 9 septembre 1914.

LE 77^E DE CHOLET

Le 164e R.I. de Hanovre appartenait au Xe corps d'active allemand. Débarqué à Aix-la-Chapelle, il est prêt le 17 août et franchit la frontière belge le 18. Faisant partie de la IIe armée du général

von Bülow, il traverse la Belgique à marche forcée. Il franchira la Marne le 5 septembre.

Le 77ᵉ R.I. (colonel Lestoquoi), régiment de Vendéens, Bretons, Angevins et Poitevins, dépendait du 9ᵉ corps de la 4ᵉ armée du général de Langle de Cary. Il entre en Belgique le 20 août, prend contact avec l'ennemi le 23 et assiste impuissant à la tragédie de Longwy en feu. L'ordre de retraite donné, il passe par Charleville, Mézières, Rethel… tout en menant des combats d'arrière-garde.

Car le repli se fait sous la pression de l'ennemi. Après avoir cru à la victoire, un sous-officier d'infanterie du 77ᵉ, le sergent Humeau, manifeste son désarroi le 30 août : « Cette fois, ce n'est plus pour rire, nous battons en retraite, écrasés de fatigue, anémiés par la faim, nous marchons, marchons toujours. Des forces bien supérieures aux nôtres paraît-il nous poursuivent, alors nous allons droit devant nous vers le sud. Ainsi, malgré nos efforts, malgré l'enthousiasme de nos cœurs, l'ennemi entre chez nous. De tous côtés ses colonnes percent, poursuivant nos arrière-gardes. […] Et puis ces blessés que l'on rencontre, ces chevaux morts sur le bord de la route, ces camions renversés. Quelle triste chose ! […] Maintenant nous avons franchi la ligne de feu, derrière nous des zouaves et des coloniaux se font hacher pour protéger notre retraite. L'ennemi avance toujours. »

En cette fin d'août 1914, cette retraite, qui est celle de plusieurs centaines de milliers d'hommes, se fait sous une chaleur écrasante. La voici encore décrite par l'historien Georges Blond : « Les fantassins ne marchaient pas au pas, mais ils allaient en rang par huit de front ; leur fleuve remplissait toute la largeur d'une route, remplissait jusqu'aux murs la grand-rue d'un village. Tous les visages sans exception étaient mangés de barbe, une barbe de plusieurs jours, et creusés de fatigue. Une tristesse poignante se lisait dans les yeux de ces hommes qui regardaient droit devant eux, qui semblaient ne rien voir ni à droite ni à gauche, qui marchaient sans s'arrêter, sans jamais devoir s'arrêter, eût-on dit, sans dire un mot. On n'entendait que le piétinement de cette masse d'hommes. Nul n'osait les questionner, comme s'ils revenaient d'un autre

LES FAMEUX TAXIS RÉQUISITIONNÉS PAR GALLIENI POUR ACHEMINER DES RENFORTS SUR LA MARNE.

monde. Quelques-uns avaient la tête bandée, un pansement qui dépassait sous le képi, d'autres une main bandée. » Des unités ayant perdu leurs officiers dans les combats ont pu parfois fléchir, mais ce repli général ne ressemble pas, et de loin, à une débandade.

Moins éprouvé cependant que d'autres unités, le 77ᵉ arrive au sud-est de Reims où il abat un avion allemand, qu'Élie Chamard, simple soldat, voit tomber : « Le jeudi 3 septembre, avant de traverser Verzy, au matin, alors que le 77ᵉ faisait la pause dans les vignobles, un Taube apparut tout à coup derrière une colline. Les aviateurs de prime abord n'aperçurent pas le régiment : ils avançaient confiants et à une si faible hauteur que les hommes crurent à une panne de moteur. Cependant, l'appareil se redressant brusquement pour s'élever, l'alerte fut donnée : les fusils partirent, une mitrailleuse entra en action ; l'avion alla s'abattre à un kilomètre dans les vignes, avec son pilote blessé, son observateur criblé de balles. » Arrêt temporaire : le régiment poursuivait sa retraite.

La retraite, elle devait s'arrêter sur l'Aisne. Mais Joffre décide de reculer encore pour gagner du temps. En se rétablissant au-delà de la Marne, sur l'Aube voire sur la Seine, son intention est d'entraîner l'ennemi vers le sud, d'étirer ses communications et de préparer ainsi les conditions d'une contre-offensive. Simultanément, il constitue au nord de Paris une 6ᵉ armée qui sera dans quelques jours à la disposition du général Gallieni, gouverneur de la capitale.

Or, dès la retraite ordonnée, une brèche se creuse entre la 5ᵉ armée, restée soudée aux Britanniques à gauche, et la 4ᵉ dont le sort s'était lié à droite au reste du front. Deux jours après, ce vide est de 20 kilomètres. Joffre fractionne alors la 4ᵉ armée pour constituer un détachement particulier. Il en confie aussitôt le commandement au général Foch. Détachement formé à partir des 9ᵉ et 11ᵉ corps et d'une division de cavalerie, il deviendra le 4 septembre la 9ᵉ armée. C'est elle qui nous intéresse ici : elle subira bientôt les assauts des armées allemandes le long des marais de Saint-Gond.

Les régiments qui la composent viennent essentiellement de l'Ouest et du Centre. Mais le 9ᵉ corps compte aussi depuis août, débarquée d'Afrique du Nord, la Division marocaine, celle du général Humbert, formation un peu atypique avec ses régiments de coloniaux, de zouaves, de zouaves-tirailleurs... La 42ᵉ D.I. (général Grossetti) passe également sous les ordres de Foch, ainsi que deux divisions de réserve.

LA BATAILLE DES MARAIS DE SAINT-GOND

Enfin, voici la Marne. Les armées françaises la franchissent à partir du 1ᵉʳ septembre. Le 3, les villages des marais de Saint-Gond entendent pour la première fois le canon. Le lendemain, des officiers d'étape se présentent dans les mairies pour préparer les cantonnements des unités en retraite et attendues pour l'après-midi même. Le 5 septembre, la canonnade se rapproche. Au matin, les avant-gardes ennemies se manifestent au nord-ouest des marais.

La victoire paraît acquise aux Allemands qui ne cessent d'avancer depuis un mois. Toutefois, bien des choses ont changé. Leurs communications se sont étirées, il faut garder les étapes, il y a les pertes des combats, les hommes sont épuisés par cette marche forcée qui dure depuis la mi-août. L'artillerie lourde suit difficilement, et dès lors l'excellent canon de 75 rétablit l'équilibre. Dans le camp français, la troupe garde bon moral, si épuisée soit-elle par deux semaines de retraite. Les communications se sont raccourcies. Les dépôts envoient des hommes pour combler les pertes. Et Joffre attend son heure.

Ce sont les Allemands eux-mêmes qui la lui donnent. Gallieni constate le 3 septembre leur changement de direction devant Paris. C'est l'opportunité à saisir. Il convainc Joffre, qui lui-même obtient le concours du maréchal French. Et le 5 septembre après-midi, Gallieni lance la 6ᵉ armée en direction de l'Ourcq sur le flanc ennemi. Ces premiers combats sont le prologue de la bataille de la Marne.

À ce moment, la IIᵉ armée allemande se présente devant la plaine de Saint-Gond. Elle prend son temps car von

Bülow attend son artillerie lourde et sur sa gauche l'armée voisine. Erreur grave qui laisse passer l'occasion d'enlever dans la foulée les marais de Saint-Gond et les hauteurs de Mondement, encore faiblement défendus. Foch peut alors reprendre son souffle tout en poursuivant vers le sud.

Or, dans la nuit du 4 au 5 septembre, il reçoit un ordre préparatoire de Joffre : « La 9ᵉ armée couvrira la droite de la 5ᵉ armée, en tenant les débouchés sud des marais de Saint-Gond et en portant une partie de ses forces sur le plateau au nord de Sézanne. » C'était annoncer la fin de

SINISTRE MOISSON DES COMBATS.

la retraite. Foch ordonne aussitôt à ses éléments avancés, non pas de tenir « les débouchés sud des marais », mais de repasser ces marais que les Allemands n'ont pas encore franchis. La 9e armée se porte donc en avant et dégage les abords de Mondement.

L'offensive générale française est déclenchée le lendemain matin. C'est le moment qu'a choisi Joffre pour repartir de l'avant.

Ce 6 septembre 1914, à 6 heures du matin, rien ne trouble encore le silence de la plaine de Saint-Gond. Mais Foch vient de recevoir l'ordre du jour du généralissime : « Au moment où s'engage une bataille dont dépend le salut du pays, il importe de rappeler à tous que le moment n'est plus de regarder en arrière : tous les efforts doivent être employés à refouler l'ennemi. Une troupe qui ne peut plus avancer devra, coûte que coûte, garder le terrain conquis et se faire tuer sur place, plutôt que de reculer. Dans les circonstances actuelles, aucune défaillance ne peut être tolérée. »

Tenir sur place alors que les Allemands sont les plus forts ! La petite 9e armée doit faire face à deux puissantes armées allemandes, avec la Garde prussienne. Si elle cède, toute la contre-offensive se voit compromise. S'appuyant sur les hauteurs de Mondement, la 42e D.I. de Grossetti et le 9e corps, avec sa Division marocaine, occupent la lisière sud des marais. Plus difficilement accroché au terrain, le 11e corps occupe la droite de l'armée dans la plaine. Le général Humbert a son P.C. au château même de Mondement, Foch a le sien au village de Pleurs, au sud de la route de Sézanne à Fère-Champenoise.

À 8 heures, le canon tonne dans les marais de Saint-Gond. La bataille s'engage, l'ennemi attaque : la Garde prussienne au centre, les Saxons à l'est, et à l'ouest sur Mondement les régiments de Hanovre, de Poméranie et de Brandebourg. Le château est la clé du dispositif français. Sa chute ouvre la route de Sézanne. Or, à leur grande surprise, les Allemands voient l'infanterie française se dresser devant eux.

Le choc est rude. À gauche, la 42e D.I. se replie derrière le Petit Morin. Au centre, le 9e corps tient toujours ses positions. La Division marocaine progresse. Mais un bataillon du 135e est rejeté. Foch se fait pressant. Le 9e corps repart, avec en tête le 77e qui s'avance du village de Bannes sur une route étroite et dégagée. Régiment encore complet, il connaît son premier engagement important. Les Allemands le prennent à partie depuis le village de Coizard. Il y a un moment de flottement que le commandant de Beaufort conjure.

Écoutons Élie Chamard, du 77e: « Dans Coizard, le commandant de Beaufort, monté sur son grand cheval bai, une badine à la main, encourage ses troupes. Les obus pleuvent et des balles sont tirées des maisons où se cachent les Boches. "En avant, mes enfants! Courage!" crie le commandant sans broncher, sans baisser la tête. Mais il faut reculer. La retraite est terrible par les marais où les hommes s'enfoncent jusqu'à la ceinture parfois et sous un feu d'enfer. Beaufort ne cesse d'exalter les soldats [...]. On se retranche le soir sur le mont Août, près de grandes carrières qui paraissent étranges dans la nuit. Dans les marais, un village flambe [...]. Le temps est beau, mais chaud. Comme il n'y a point d'eau potable dans cette région, les hommes souffrent et souffriront beaucoup de la soif, ainsi que de la faim d'ailleurs... »

Le 77e a pu entrer dans Coizard, et même déboucher pour ensuite s'accrocher au terrain durant sept heures. Mais, en effet, il a fallu se replier. Ce sont ensuite les Allemands qui avancent dans les marais. Ils entrent dans Bannes, mais, accueillis par le tir des 75, ils ne peuvent en sortir. Le 6 au soir, l'essentiel des positions reste aux mains des Français. La nuit du 6 au 7 n'apporte pas de répit à Foch face à une artillerie allemande qui ne cesse de tirer.

DERNIERS JOURS DE LA GUERRE DE MOUVEMENT.

LE CHÂTEAU DE MONDEMENT, REPRIS À L'ENNEMI LE 9 SEPTEMBRE 1914.

Alors que la deuxième journée de la bataille de Saint-Gond s'annonce, les combats devant Paris prennent une forme mouvante. Les Allemands contiennent toujours la 6e armée. La bataille de la Marne entre désormais dans une phase critique. Tout paraît se jouer sous les murs de la capitale pendant que le front résiste péniblement entre Paris et Verdun.

Mais à Mondement, l'ennemi doit prendre les hauteurs, verrou du centre français, s'il veut poursuivre sa route. Le 7 septembre, le 9e corps se porte en avant pour le couvrir. L'artillerie allemande l'arrête aussitôt. À 9 heures, le château reçoit le premier obus. Un pan du mur d'enceinte, près de l'une des tours rondes, s'effondre, puis c'est la toiture qui vole en éclats. L'artillerie allemande reprend ses tirs en début d'après-midi et arrose les environs, plusieurs cavaliers de l'escorte d'Humbert sont tués. Celui-ci transfère son P.C. en arrière. À droite, un village est tombé. Il faisait le lien entre les 9e et 11e corps et en fin d'après-midi, une attaque montée pour le reprendre échoue mais contient l'ennemi. Pour combien de temps?

AU CHÂTEAU DE MONDEMENT

Le 8 septembre, à 3 heures du matin par nuit noire – après avoir fait avancer l'artillerie lourde –, la Garde prussienne et les Saxons à l'est des marais, un autre corps et des éléments de la Garde à l'ouest, marchent sur les flancs de la 9e armée. L'effet de surprise autant que la masse font céder les positions. Toute l'aile droite de Foch est enfoncée. Le 11e corps recule, découvre le 9e et ouvre la route de Fère-Champenoise dont l'ennemi s'empare sans tarder. Voilà la 9e armée bientôt tournée. Partout, les positions françaises sont enlevées de haute lutte. Littéralement mis en pièces, le 11e corps ne tient plus que par des éléments isolés.

Daniel Réau, soldat au 137e R.I. de Fontenay-le-Comte – régiment vendéen –, est pris dans le mouvement général: « De 2 heures à 4 heures le canon et les fusils ne cessent pas de tirer. Nous nous demandons ce qu'il y a. Vers 7 heures, il faut encore reculer. L'ennemi a surpris nos lignes et pendant cinq à six kilomètres, c'est une vraie débandade. Nous arrivons à Gourgançon avec les voitures du 114. Vers 4 heures nous partons vers Champfleury où nous passons la nuit. »

C'est sans doute là que les qualités de caractère de Foch évitent l'effondrement général. « Situation excellente », télégraphie-t-il à Joffre. À une heure de l'après-midi, refusant un désastre annoncé, il lance une division de réserve sur Fère-Champenoise. Arrêtée par des mitrailleuses, elle ne peut passer. Mais elle ne se replie que pour se préparer à une nouvelle contre-attaque le lendemain. Plus à l'est, le 11e corps, péniblement reformé, attaque en direction du nord et réoccupe des hauteurs.

Mondement tient toujours. Si l'attaque de nuit a surpris également le 9e corps, les divisions d'Humbert et de Grossetti la contiennent d'abord. Mais l'ennemi se renforce, son artillerie pilonne le château. Le 77e R.I., en soutien des zouaves et des tirailleurs de la Division marocaine, est envoyé pour couvrir la droite découverte par le retrait du 11e corps. Élie Chamard, dont le régiment lève le camp, note: « La bataille fait rage. On sent le mordant de l'ennemi: il veut à tout prix avancer et prendre les hauteurs qui lui barrent la route de Troyes. La pluie tombe, pluie légère d'orage qui rafraîchit l'atmosphère. À 14 heures, l'ordre arrive à la brigade de reporter le régiment sur Saint-Loup. »

Le 77e parti, les Allemands en profitent pour renouveler leurs assauts sur Mondement. Ils passent les ruines de l'ancien prieuré de Saint-Gond, puis avancent. Comme au 11e corps, l'effondrement est assuré. Mais, intraitables, les chefs jouent leur rôle et n'admettent aucun recul. L'artillerie française, bien que durement contrebattue, reste sur ses positions. Le 8 septembre au soir, seul le centre de Foch tient encore.

À l'est de Paris, la bataille évolue brusquement. La 6e armée française commence à plier, mais la cavalerie britannique profite d'une brèche du dispositif ennemi. Menacés d'être tournés, les Allemands se préparent à remonter vers le nord.

Le 9 septembre 1914, au moment où le jour se lève, une brigade d'infanterie allemande débouche à gauche de la

9e armée et fond sur Mondement. Là aussi, l'effet de surprise est déterminant. Mondement tombe, l'église, le cimetière, le château et le village. Ainsi, les Allemands ont un pied sur le plateau. Le 164e régiment d'infanterie de Hanovre prend position dans le château et se retranche solidement : ouvertures matelassées, mitrailleuses en batterie. Il faut absolument le reprendre. Humbert demande des renforts.

Il ne reste que le 77e d'infanterie, parti couvrir la droite du 9e corps. Il est 8 heures du matin. Le temps d'arriver, l'artillerie contient les Allemands devant Mondement. Ce sont certainement les canons que le brancardier De Leo, du 77e, aperçoit en allant chercher des blessés : « Vers une heure, nous sommes allés chercher des blessés du côté de Mondement où était le régiment. De chaque côté de la route, six batteries françaises portaient la mort dans les rangs allemands. » Le 2e bataillon du commandant de Beaufort se met en place, le 3e est tout proche, en liaison avec le 1er, renforcé de deux compagnies de zouaves. Une batterie de la Division marocaine et une section de mitrailleuses appuient directement le régiment. Le commandant de Beaufort fait donner l'absolution à ses hommes par le père Gallard, prêtre mobilisé. Tous ploient le genou. Puis, en gants blancs, levant un bâton, il leur crie : « En avant, pour la France, chargez ! »

Le bataillon s'élance. Le commandant de Beaufort est tué net d'une balle en plein front. De nombreux officiers tombent à leur tour. Les Hanovriens brisent l'assaut. Le colonel Lestoquoi réclame un canon. Il faut attendre. Laissons Élie Chamard continuer. Un lieutenant de cuirassier passe et demande : « Puis-je vous servir à quelque chose ?

– Il me faut absolument ici une pièce d'artillerie, répond le colonel. Si vous voulez aller me la chercher ?

– J'en fais mon affaire, répond le lieutenant.

Quelques instants après, l'attelage arrive et la pièce est portée à bras à 400 mètres, face à la grille du château. Obéissant à la même inspiration, le colonel Éon fait avancer à bras par le 21e bataillon au sud du château, à droite de la route de Broyes, deux pièces de la batterie

LES MARAIS DE SAINT-GOND.

LE MONUMENT COMMÉMORATIF DE LA BATAILLE DE LA MARNE SE SILHOUETTE ENTRE LE CHÂTEAU ET L'ÉGLISE DE MONDEMENT.

du capitaine Neau. Comme il y a des nuages et que la lumière baisse, l'ennemi n'a pas vu la manœuvre. »

Les trois pièces tirent aussitôt. On relance l'assaut, et cette fois la défense ennemie s'effondre. Le château de Mondement est repris, ainsi que le cimetière et l'église. Il reste à conquérir le village. Les hommes pénètrent dans les maisons à coups de crosse et les enlèvent au corps à corps. Dès lors, Humbert contrôle à nouveau les hauteurs de Saint-Gond.

Vers 5 heures de l'après-midi, Foch voit les assauts allemands cesser brusquement. Il était temps! « Au soir, on nous annonce que l'ennemi bat en retraite, en effet la canonnade s'éloigne », note notre Vendéen du 137ᵉ R.I., Daniel Réau.

Dans la grande salle du château de Mondement, où la table est encore servie, près des bouteilles débouchées et des coupes à moitié pleines que les Allemands n'ont pas eu le temps de vider, le colonel Lestoquoi réunit les quelques officiers qui lui restent et fait déployer le drapeau du 77ᵉ. Il félicite les vivants et fait l'éloge des morts: « Je ne souhaite qu'une chose, avoir une fin aussi belle que le commandant de Beaufort, mourir comme lui face à l'ennemi, dans la victoire. »

Victoire en effet, car l'ennemi venait d'abandonner le champ de bataille. Mais la journée a été un carnage. On passe la nuit à relever morts et blessés des deux camps. Telle est la tâche du brancardier De Leo: « Sur la route, dans la nuit, le spectacle était lugubre, là, un trou d'obus au milieu de la route, plus loin un cheval mort sur le bord du fossé, plus loin un tirailleur algérien mort et ainsi de suite pendant tout le parcours. Notre premier

devoir en arrivant fut de relever nos officiers morts. D'abord le commandant de Beaufort [...]. Nous avons emmené la charrette du château et nous avons déposé les morts dans une salle. »

Dans la grande salle, « les blessés reposent, douloureux », raconte Élie Chamard. « On en apporte à chaque instant. Le sous-lieutenant Noël agonise entre les bras du prêtre soldat, le P. Gallard, et du capitaine Béziers-la-Fosse. Celui-ci lui fait embrasser la croix de son chapelet. Ailleurs, ce sont d'autres scènes. [...] Je me souviens d'un grand gaillard de la Garde prussienne, un géant, qui râlait dans la galerie des tableaux. Son souffle puissant et saccadé remplissait le couloir. [...] Toute la nuit, le château servit de poste de secours. C'est que les blessés étaient nombreux, surtout parmi les Boches. Leur retraite leur avait coûté cher et, derrière le château, tout le long des routes de Reuves et d'Oyes et dans les champs, il y en avait des corps couchés et saignant ! »

Dès le lendemain, la 9ᵉ armée remonte vers le nord pour entreprendre la poursuite. L'envahisseur était battu.

LE MIRACLE DE LA MARNE

Redressement inespéré de nos armes, le succès de la Marne est une surprise pour le camp allemand. L'un de ses meilleurs tacticiens, le général von Kluck, qui commandait une armée face à Paris, observera après la guerre que jamais dans les écoles militaires il n'avait été envisagé qu'un adversaire en retraite, épuisé et considéré comme battu, puisse se redresser et contre-attaquer comme il venait de le faire. Ce qui était considéré comme la plus puissante armée du monde avait vacillé devant le sursaut français.

Le miracle de la Marne marque immédiatement les esprits. Trois ans après, encore en plein conflit, Raymond Poincaré, président de la République, préside, le 6 septembre 1917, une première cérémonie commémorative en présence des membres du gouvernement.

Mais pour inscrire plus concrètement l'événement sur le sol, la loi de finances du 31 juillet 1920 avait prévu que soient élevés des monuments « pour perpétuer la mémoire de la première et de la deuxième victoire de la Marne ». Le site de Mondement est retenu pour celle de septembre 1914. Aujourd'hui, elle se signale à tous par ce menhir de 33 mètres de haut que l'on aperçoit de tout point des marais. En granit rose et en béton, conçu par l'architecte Paul Bigot et réalisé par le sculpteur Henri Bouchard, il occupe la place centrale du terre-plein aménagé devant le château. Construit de 1931 à 1938, il ne pourra être inauguré qu'après la Seconde Guerre mondiale, en 1951.

« APRÈS TANT DE MISÈRE, UNE GLOIRE ÉTERNELLE ». LA TOMBE DE CHARLES PÉGUY.

Monument dédié aux unités qui ont participé à la bataille, il cite les 3ᵉ, 4ᵉ, 5ᵉ, 6ᵉ et 9ᵉ armées – avec leurs corps, divisions et brigades –, le Corps expéditionnaire britannique, et porte les noms de leurs chefs. On y lit aussi celui de Gallieni. La face du menhir donnant sur la plaine représente un « général Joffre » monumental couvrant de son bras gauche un soldat français. Comme un état-major, mais de taille plus modeste, à sa droite, Sarrail, de Langle de Cary et Foch ; à sa gauche Franchet d'Esperey, French, Maunoury et Gallieni, encadrent le généralissime.

Donnant toute sa signification à l'œuvre, une Victoire ailée volant d'ouest en est se détache nettement du sommet et lui donne sa silhouette caractéristique.

Face à la plaine, une table d'orientation présente le paysage qui se découvre en quasi-totalité : il s'étend de l'église et de son cimetière, à gauche, jusqu'au château de Mondement, à droite. Ainsi voit-on au loin à droite le mont Aimé ; en face, les hauteurs de Brie et leurs bois, et, en contrebas, les différents villages autour des marais de Saint-Gond.

Aux beaux jours, qui étaient ceux du début de septembre 1914, la plaine de Saint-Gond donne un sentiment de paix et de beauté tranquille, comme bien de nos paysages français, alors qu'elle fut un champ de bataille chèrement disputé. Le château de Mondement, devant lequel passe la rue « du Général-Humbert », affirme sa présence discrète sous une végétation généreuse.

HENRI ORTHOLAN

MÊME PRISONNIERS LES CHASSEURS ALPINS
GARDENT LA TÊTE HAUTE. ICI À MUNSTER.

VESTIGES DES COMBATS SUR LA CRÊTE DU LINGE.

Les Vosges, 1914-1915

La Tête des Faux, le Linge, l'Hartmannswillerkopf

« La ligne bleue des Vosges. » Les patriotes avaient les yeux fixés sur elle. Du pied du Donon au ballon d'Alsace, la frontière de 1871 était la cicatrice de la défaite jamais admise, le seuil de la Revanche que l'on préparait. N'est-ce pas pour libérer les provinces captives que la France entre dans la guerre le 3 août 1914 ? N'est-ce pas vers l'Alsace et la Lorraine que nos régiments vont marcher ? Dès le 7 août, les poteaux-frontières sont renversés. Depuis les cols vosgiens et la trouée de Belfort, les divisions de couverture débouchent en Alsace et voilà que le drapeau tricolore flotte sur Mulhouse, que l'ennemi a peu défendu. La fortune des armes sourirait-elle à la France ? Les autorités civiles et militaires du pays voudraient le croire, mais à peine ont-elles le temps de caresser cette illusion, que déjà elle s'évanouit.

Contre-attaqué le 8 août par les Allemands, le 7e corps d'armée est ramené à la frontière en trois jours. Une armée d'Alsace est alors créée. Elle effectue un retour offensif et reprend Mulhouse le 19 août. Colmar est sur le point d'être emporté le lendemain et déjà des unités se distinguent par leur vaillance et leur solidité, tel ce 152e régiment d'infanterie de Gérardmer, « premier grenadier des Vosges », qui défait un régiment de *Landsturm* bavarois dans un combat de rencontre au Grand-Hohnack, au-dessus de la vallée de Munster, ou encore ces bataillons de chasseurs alpins, dont une compagnie du 30e de Grenoble a prêté main-forte au 15-2 contre les Bavarois. « Biffins » et « vitriers », « pantalons rouges » et « bataillons bleus », ces soldats marchent dans un décor grandiose de montagnes, vers des jours héroïques mais fatals. Dans cette guerre qui commence, faut-il être toutefois un soldat d'élite pour être désigné à la mort ? Sans distinction, celle-ci distribue ses coups de faux à tous les combattants, qu'ils soient forts ou faibles, prodigues ou avares de leur sang.

Le 20 août 1914, elle fait sa moisson de l'autre côté du massif des Vosges, à Morhange, en Lorraine annexée. Très entamée par la puissance de feu allemande, la 2e armée du général de Castelnau se replie vers la Meurthe, d'où elle était partie, entraînant dans sa retraite l'aile gauche de la 1re armée du général Dubail, sévèrement battue à Sarrebourg. Notre infanterie a été massacrée par le

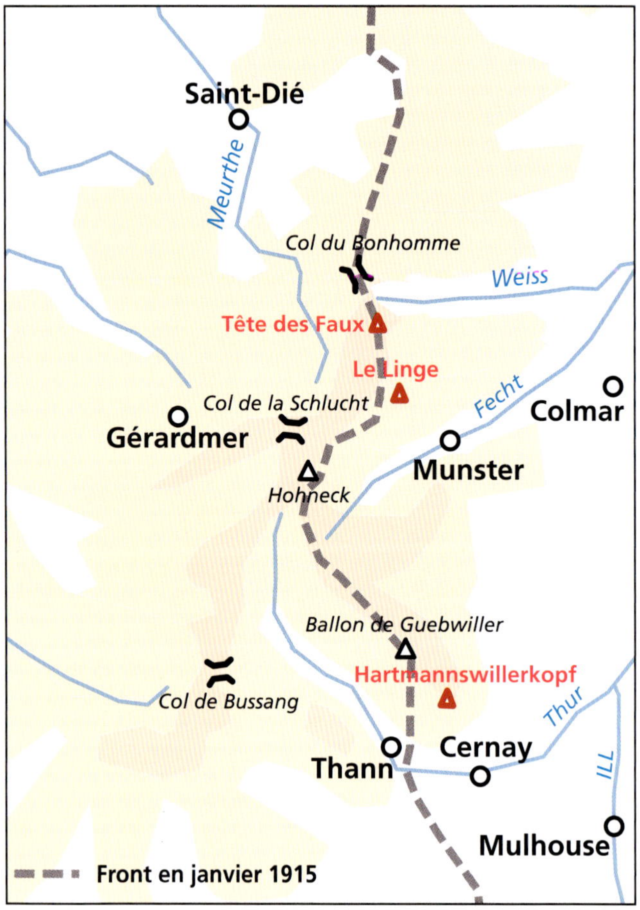

matériel d'un ennemi qui, lui, se dérobe au contact. Les défaites s'enchaînent quand le centre de l'armée française donne dans les Ardennes belges et son flanc gauche entre Sambre et Meuse. La menace d'un débordement par la Belgique contraint Joffre à ordonner la retraite générale. L'armée d'Alsace est dissoute. La plupart de ses unités sont dirigées vers la Somme, pour y contrer la puissante manœuvre allemande d'enveloppement, et vers la Lorraine, où l'ennemi tente de crever le front sur la Meurthe et la Mortagne. Pour la seconde fois depuis le début de la guerre, les soldats français abandonnent la quasi-totalité de la plaine d'Alsace. La tragédie est d'avoir voulu les y faire revenir par une série d'offensives prononcées contre des hauteurs fortifiées, et par conséquent formidablement défendues.

Dans cette guerre de montagne, les Allemands se battront pour défendre l'intégrité du Reich, dont l'Alsace est alors un territoire, les Français pour reprendre une province perdue – les deux adversaires ayant la certitude d'avoir le sol national sous leurs pieds. La lutte n'en sera que plus âpre à la Tête des Faux, au Linge ou à l'Hartmannswillerkopf.

Sous les grands arbres solennels du carrefour Duchesne, des soldats français dorment pour l'éternité. Au milieu des croix encloses, le drapeau hissé semble mort lui aussi. Un raidillon pierreux quitte ce bois silencieux. Il conduit aux lieux où ces soldats ont perdu la vie. Le sentier monte en escalier, s'enfonce ensuite dans une sapinière, puis grimpe de nouveau à l'abrupt vers le sommet dénudé de la Tête des Faux. « L'échelle de Jacob » est le chemin militaire par lequel les combattants français montaient en ligne. À quelques mètres de la cime, un monument enchâssé dans un roc évoque le souvenir de cinq d'entre eux. Une immense croix blanche se dresse sur un amas de roches éboulées. C'est le toit de la Tête des Faux à 1 220 mètres d'altitude. La crête est venteuse. Quelques hêtres orphelins et rabougris se cramponnent en haut des pentes. Nous sommes au centre d'un cirque majestueux de montagnes. Voici, au nord, la Tête du Violu, le Brézouard ; à l'est, la plaine d'Alsace avec le massif de la Forêt-Noire en toile de fond ; au sud, apparaît une partie de la charpente des hautes Vosges toisée par le Grand Ballon ; à l'ouest enfin, les dômes bleutés moutonnent du Louchbach au Rossberg.

La situation géographique de la Tête des Faux l'a vouée à la guerre dès la mi-septembre 1914. Ce promontoire commande le col du Bonhomme, point de passage entre la vallée de la Meurthe, en Lorraine, et celle de la Weiss, en Alsace. La consolidation de nos lignes requérait d'abolir la tutelle de cet observatoire, depuis lequel les Allemands réglaient le tir de leur artillerie. Cette mission fut dévolue aux compagnies de chasseurs alpins du « groupe du Bonhomme ».

NOËL SANGLANT

À l'aube du 2 décembre 1914, le brouillard voile la Tête des Faux. Les Bavarois du IIIe régiment de *Landwehr* tiennent la position. Le groupe d'alpins du capitaine Regnault est au pied du versant ouest. Avec le jour qui monte, les pans de vapeur s'estompent. Le rideau s'ouvre sur un coup de main. À 11 heures, les sections escaladent les derniers degrés de la montée. Elles s'embarrassent dans les abattis et les ronces d'acier. Les assaillants sont maintenant à découvert. Embusqués derrière les rochers, les Bavarois ajustent leurs cibles et font mouche. La fusillade dégénère. Les clairons sonnent la charge et le sang suinte au long des blocs de granit. L'ennemi recule et perd une de ses tranchées. Les chasseurs alpins tentent alors de s'infiltrer plus profondément dans son réseau défensif, mais des gerbes de balles tirées d'un fortin les clouent sur place. La nuit tombe, froide, noire. Plusieurs contre-attaques des Bavarois sont repoussées. Quelques dizaines de mètres séparent les adversaires. Une action d'éclat du 28e B.C.A. de Grenoble a refoulé l'ennemi du sommet de la Tête des Faux, mais celui-ci s'accroche fermement sur l'éperon et la pente est, qu'il a fortifiés.

Pas un jour ne passe sans que les Allemands n'infligent des pertes à nos soldats, montrant par là tout le prix qu'ils attachent au belvédère dont ils ont été chassés. Le 22 décembre, les *Jäger* du XIVe bataillon d'infanterie du Mecklembourg, une troupe de choc allemande, sont à pied d'œuvre. Le 24 décembre, à la tombée de la nuit, ces « vrais durs » se déploient sur la crête. Dans les foyers de France et d'Allemagne, les enfants de ceux qui sont à la guerre s'endorment en disant une prière. Mais la neige épaisse qui recouvre la Tête des Faux n'est pas celle des contes de l'enfance. C'est un linceul pour les combattants.

En cette nuit de Noël, les alpins du 30e de Grenoble sont en ligne. Personne parmi eux ne s'attend à une attaque. À 22 h 30 pourtant, les *Jäger* surgissent d'un brouillard funèbre et ouvrent le feu. La première tranchée française est enfoncée. Très vite, nos soldats se ressaisissent. Le combat se transforme alors en une lutte d'une violence inouïe. Les flammes qui sortent des fusils rayent les ténèbres. Les grenades éclatent et les déchirent de leur flamboiement. Ce vacarme est perceptible à des kilomètres à la ronde. Plus personne n'a peur. L'action gouverne la pensée, qui se réduit à sa plus instinctive expression : tuer pour ne pas être tué. Le corps à corps sauvage dure toute la nuit,

LE GUETTEUR AU CRÉNEAU (1916).

LE CHAGRIN DES SURVIVANTS.
UN SOLDAT WURTEMBERGEOIS
DEVANT LA TOMBE D'UN CAMARADE.

et, quand point le jour, des dizaines de cadavres jonchent l'éperon. Des centaines de blessés en descendent. Le *14 Jäger Bataillon* est décimé. Noël 1914 à la Tête des Faux. La neige était rouge.

Les Allemands ne reprirent jamais le sommet de la Tête des Faux, mais leurs lignes de défense demeurèrent inviolées jusqu'à l'armistice. Le redoutable triangle fortifié, avec son étagement de tranchées, ses abris, ses casemates et autres emplacements de pièces d'artillerie, s'est depuis évanoui sous la végétation. Plus encore qu'au Linge ou à l'Hartmannswillerkopf, l'arme et l'outil s'étaient complétés ici de façon remarquable. De l'ouvrage de cette alliance, il ne reste presque rien de visible. Sur la crête, seuls des chevaux de frise menacent encore le visiteur de ces solitudes.

Les chasseurs alpins furent les héros tragiques des combats dans les Vosges. Avant de les retrouver en 1915, tentons un bref portrait de ces soldats. Au physique, l'œil est vif, la taille petite, la constitution robuste. Au moral, une même fierté les anime, celle d'appartenir au corps des chasseurs, dont la réputation de bravoure leur crée des devoirs. Ils portent la tenue bleu foncé, qui les différencie du reste de l'infanterie de 1914. Et qui ne les reconnaît pas avec leur pèlerine, leur bâton et leur béret large? Ils affectent des poses farouches devant l'objectif comme il sied aux durs à cuire. Bien sûr, ils ne sont que des hommes, qui, comme tous les autres dans les tranchées, connaissent la misère du combattant, la morsure du froid, la vermine qui ronge la peau, le cafard qui étreint l'âme. Ils n'en inspirent pas moins de la crainte à l'ennemi, qui en hommage à leur panache et à leur valeur militaire les appellera « Diables bleus ». Fantassins des troupes de montagne, ils sont de tous les assauts pour la reconquête de l'Alsace. Ils convergent en ce mois de juillet 1915 vers le Linge. Regardons quelques instants une de leurs compagnies au sortir de la voûte sombre d'une forêt. La colonne parcourt un haut plateau velouté de chaumes. Une hirondelle des champs tourne et virevolte au-dessus de nos chasseurs. C'est le salut de la France et ils ne le savent pas.

APRÈS LES OFFENSIVES DE 1915,
LE FRONT S'EST STABILISÉ
SUR LES SOMMETS.

LE TOMBEAU DES CHASSEURS

De Stosswihr à Orbey, une route en lacets relie les vallées de la Fecht et de la Weiss. Le col du Wettstein, à 880 mètres d'altitude, constitue le point le plus élevé de son tracé. De là se détache une autre route, qui s'élève vers deux croupes boisées et arrondies, le Lingekopf et le Schratzmännele, soudées entre elles par un collet. Au-delà de ces cimes, l'éperon des Trois-Épis se campe au-dessus de la vaste plaine d'Alsace. Celle-ci demeure depuis le mois de novembre 1914 l'objectif du haut commandement, qui veut y faire déboucher nos troupes après « une manœuvre de débordement par les hauts ». Se rendre maître des sommets pour progresser dans la plaine, tel est donc le dogme à partir duquel l'offensive du Linge est montée.

Le général d'Armau de Pouydraguin « donne un avis nettement défavorable à la manœuvre par les forêts du Linge ». Il pense que la marche vers Munster et Colmar doit se continuer par la vallée de la Fecht, où sa division a remporté une victoire le 21 juin 1915. Ses appréhensions sont partagées par le colonel Brissaud-Desmaillets, qui est chargé de la préparation des opérations projetées. Les rapports laissés par la 3e brigade de chasseurs qu'il commande sont sans ambiguïté : « En avril, le Linge allemand porte un ensemble complet de tranchées et d'abris... Ici, s'appuyant aux rocs de la pente, des fortins ceinturés de pierre et de sacs de ciment ; ailleurs, des blockhaus bétonnés couverts de rails et de rondins. Devant les réseaux de barbelés se croisent d'implacables flanquements de mitrailleuses ; le rain des Chênes abrite dans ses casemates une artillerie importante. Nous n'avons rien vu ; la forêt couvre tout, étouffe tout. » En effet, les Allemands possèdent pleinement l'art du pionnier et organisent le terrain de façon à fixer l'adversaire en sacrifiant le moins de défenseurs possible. Ils acceptent la bataille à cet endroit, ils la souhaitent peut-être. Et c'est contre cette forteresse d'altitude, que le manteau végétal dissimule aux frappes de l'artillerie française, qu'un assaut d'infanterie va être donné !

Nous sommes loin du coup de main français à la Tête des Faux et de sa réplique allemande dans la nuit de Noël. Au Linge, plusieurs mois de préparatifs précèdent la montée aux extrêmes. Pendant que nos poilus ouvrent une route de 12 kilomètres de longueur, installent des camps, creusent des boyaux et des parallèles de départ, leurs ennemis arment et fortifient le massif. Et ces pionniers allemands ne sont autres que ceux du IIe régiment de *Landwehr* bavarois, cette unité que le 15-2 avait battue au début de la guerre, sur cette route faîtière des Trois-Épis, derrière le Linge. Sans doute est-ce en souvenir de leurs camarades tombés alors, que les Bavarois ont suspendu à un réseau de barbelés un écriteau qui énonce une bien sinistre prophétie : « Le Linge sera le tombeau des chasseurs. »

Campons le décor du drame et voyons les acteurs qu'il met aux prises. Le massif du Linge est une haute muraille de trois kilomètres, dont la ligne de crête s'incurve trois fois. Une première fois au nord, entre le Lingekopf et le Schratzmännele, dont le sommet culmine à 1 040 mètres, une deuxième fois au sud entre le Schratzmännele et le Barrenkopf, une troisième fois, enfin, entre le Barrenkopf et le Kleinkopf. Le premier de ces ensellements est appelé « collet du Linge ». Le deuxième est nommé « la Courtine ». L'ensemble du massif est en secteur allemand. Nos lignes sont en contrebas. À Glasborn, nous faisons face à la Courtine ; au Combekopf, nous présentons notre front au Schratzmännele et au Linge. Entre ces deux montagnes et les positions que nous occupons s'étend une prairie marécageuse. Son franchissement à découvert va constituer la première difficulté de l'assaut.

En ce mois de juillet 1915, du Linge au Barrenkopf s'échelonne la XVIe brigade de *Landwehr* bavaroise. À y regarder de près, elle n'est pas seule. Sur les shakos des lansquenets qui épient l'adversaire scintillent les plaques du XIVe bataillon des chasseurs du Mecklembourg, qui entend ici faire payer l'échec qu'il a subi à la Tête des Faux. Justement, le 30e B.C.A. est en face avec sa réserve, le 70e, et les autres bataillons alpins de la 3e brigade de chasseurs. C'est elle, en effet, qui va monter au feu la première.

LE CIMETIÈRE DU SILBERLOCH.

SOLEIL COUCHANT À LA TÊTE DES FAUX.

Le 20 juillet 1915, depuis le Combekopf et le col du Wettstein, l'artillerie française cogne le Linge. Pendant plusieurs heures, les obus martyrisent la forêt, qui disparaît sous une fumée âcre. « Ils ne doivent pas être à la noce, les Boches », dit un poilu qui entend la canonnade au loin. Il ne se doute pas que, dans les parallèles de départ, les chasseurs qui attendent l'ordre d'attaque sont aussi la cible des batteries adverses.

À 14 heures, l'assaut d'infanterie commence. Le 22e B.C.A., que les salves ennemies ont déjà réduit, s'élance à droite sur le Barrenkopf. Le terrain sur lequel il se rue est immédiatement balayé par les feux de revers des mitrailleuses du Schratz et les feux frontaux de celles du Barrenkopf. Les essaims de balles courbent la vague, la plaquent au sol. Elle se relève amoindrie, hésite, flanche, se relève à nouveau et finit par refluer vers les tranchées de départ. À gauche, les 14e et 54e B.C.A., qui ont pénétré avec difficulté dans le bois du Linge et qui y progressent dans un chaos de rochers, d'arbres broyés et de broussaille de fer, sont aussi diminués par les armes automatiques et l'artillerie allemandes. Les deux bataillons sont en mauvaise posture.

La prédiction du général d'Armau de Pouydraguin s'est accomplie. Les tirs imprécis de nos artilleurs ont laissé intacts trop de retranchements ennemis, d'où part un feu infernal. L'offensive d'armée voulue par le haut commandement lançait la 129e D.I. à la conquête du massif du Linge et, de l'autre côté de la vallée de la Fecht, la 47e D.I. dans une attaque de diversion au Reichackerkopf. Elle s'essouffle dès les premières heures. Sur un front de deux kilomètres, du Linge au Barrenkopf, cette offensive va déchoir en une série d'assauts décousus, dans lesquels la France verra disparaître plusieurs milliers de ses fils en quelques semaines.

« Toute la ligne d'attaque débouche brillamment », « l'ennemi effectue un bombardement de grand style », « le Linge est un point de friction classé ». La phraséologie d'état-major traduit mal la souffrance des soldats. Pour mesurer ce qu'elle fut au Linge, accompagnons au feu le sergent Bernardin, du 5e bataillon de chasseurs à pied.

Le 28 juillet, en pleine nuit, sa compagnie s'étire dans un long boyau menant aux avant-postes. Il bruine. Soudain, un sifflement déchire l'air, suivi d'une détonation, puis d'une autre. Spontanément les hommes se serrent les uns contre les autres, leur sac sur la tête. Recroquevillés sous leur dérisoire carapace, les petits groupes ainsi formés subissent le bombardement. À chaque miaulement de projectile, les estomacs se crispent. Les nerfs se tendent. Qu'elle est atroce cette mort, qui pulvérise les corps et livre les débris impersonnels à la plus ignoble des pourritures! On voudrait se révolter contre cet anéantissement, on voudrait le conjurer, mais on ne peut rien. On pense aux alpins que l'on a croisés avant d'arriver ici, « procession ininterrompue » d'éclopés, de visages décomposés enserrés de pansements souillés. « Ah! vous allez là-bas! disaient-ils. Une belle boucherie! » Un obus explose dans les arbres. Les branches cassent comme des os, puis plus rien, juste le silence que troue au loin la détonation d'un fusil.

Le mouvement reprend. Une aube blême et malsaine éclaire un paysage de désolation. « Pauvres femmes! Pauvres mères! si vous étiez ici! Heureusement que vous ne voyez, ni n'entendez. » D'un trou boueux monte une supplication, celle d'un blessé qui appelle au secours. Tout près de lui, un soldat torse nu claque des dents. Son épaule est bandée. « J'ai froid. Par pitié, camarades! Mettez-moi ma capote sur le dos. » Deux sections sont déjà passées devant lui et personne n'a été pris de compassion. La marche, le bombardement, la vision du terrain bouleversé ont-ils émoussé à ce point tout sentiment de pitié ou bien est-ce son double ensanglanté que chacun veut fuir?

L'ascension se poursuit. Des cadavres, que personne n'a relevés, gisent au long de la pente. Certains sont accrochés aux barbelés, figés dans des poses hideuses. Un adjudant du 121e bataillon descend avec quelques hommes de sa compagnie. Il laisse échapper une confidence: le 121e a pris part à l'offensive qui nous a donné la crête du Lingekopf. Le bataillon a beaucoup souffert; en quarante-huit heures, les trois quarts de ses effectifs ont été mis hors de combat. Quelle misère! Les boyaux qui strient de haut en bas ce versant maudit sont un rameau de veines déchirées d'où s'échappe la vie. La section

ABRI BLINDÉ AU SOMMET
DE L'HARTMANNSWILLERKOPF

de Bernardin parvient à l'entrée de la tranchée, à quelques mètres de la crête du Linge. Des cadavres sont recouverts d'une toile de tente. Pauvres petits gars. Mais est-ce possible ? La toile bouge. Un râle plaintif en sort. « Il n'est pas mort, s'écrie le sergent Bernardin à l'adresse du soldat qui guette au créneau. – Non, mais le major a dit que c'était inutile de le transporter. Voici quarante-huit heures qu'il est comme ça. »

La section doit rejoindre sa position à droite, au collet du Linge. Elle suit la tranchée, dont les premiers mètres sont protégés par un toit de rondins. Mais voilà qu'il faut déboucher dans un tronçon peu profond. Malheur à qui ne rampe pas. Les tireurs du Schratz ont sous leurs yeux ce passage. Leur gibier est tiré au déboulé. Encore 30 mètres à franchir. Une masse de chair pantelante obstrue la voie. Ceux-là n'ont pas eu de chance. Il faut se jeter par-dessus l'obstacle, chacun à son tour. Ceux qui ne le franchiront pas grossiront le tas. Les balles claquent, méchantes. Bernardin est passé. Encore quelques mètres. Mais devant, un imprudent a redressé le buste. Il est touché. « Avancez, ou je vous brûle la cervelle », s'entend crier Bernardin, qui voulait dégager le blessé. Faut-il le laisser agoniser, lui aussi, sous un voile de mouches noires ? La tranchée aboutit à un fortin au collet du Linge.

CROIX SOMMITALE À LA TÊTE DES FAUX.

Quatre heures seulement que la compagnie de Bernardin est en première ligne. Elle compte déjà sept morts et trois blessés. Un tireur a même abattu un brancardier. Quelques grenades jetées depuis la contre-pente, quelques balles lâchées du Schratz, la mort est donnée aujourd'hui de façon artisanale. Un travail de petites mains en somme. Soigné et efficace. Il va falloir quand même riposter. « Bernardin, il paraît que tu lances bien les grenades ? Débarrasse-nous de ces cochons d'en face. – Bien, mon capitaine. »

Pourvu de pétards, le sergent Bernardin revient en s'aplatissant dans la zone la plus dangereuse de la tranchée. Revoilà la cloison de cadavres. Bernardin plonge. Une abeille lui rase les jambes. À gauche, dans la portion abritée de rondins, il s'arrête pour souffler quelques instants. Aussitôt, une vision lui « redresse la nuque d'horreur ». L'ancien boyau d'accès des Allemands, qu'il n'avait pas remarqué ce matin, est rempli de morts. Des membres désarticulés et raidis, des visages cireux forment un effrayant groupe de sculptures, sur lequel un peu de terre a été jeté. Il s'agit tout de même de lancer les pétards que le sergent a semés sur son parcours. Commence alors un combat de voltigeurs. Successivement, Bernardin lance un projectile et se déplace à plat ventre pour éviter celui que l'adversaire lui envoie en retour. Voilà ce qu'est la guerre sur la crête du Linge entre deux assauts. Des hommes qui ondulent, qui se guettent en permanence, à quelques dizaines de mètres les uns des autres.

Huit heures, le 29 juillet, c'est la relève. Le 121e bataillon revient en première ligne prendre la place du 5e, qui redescend par les pentes du Schratz tenues par les alpins du 14e. Derrière les éboulis, sous les ramures des sapins que les bombardements n'ont pas jetés à terre,

on se restaure. La guerre ? mais c'est loin la guerre ! C'est 300 mètres plus haut au col let. Pas assez loin cependant pour échapper à son étreinte. Le chef de corps du 5e B.C.P. a reçu des ordres, contre lesquels il a violemment protesté. Les 5e et 15e bataillons devront attaquer le Schratz à 15 h 30, le 11e étant quant à lui jeté sur le Barrenkopf.

À l'heure dite, la première vague monte les pentes heurtées. La deuxième vague, dont Bernardin fait partie, suit 100 mètres derrière. Pas plus cette fois que lors des précédentes préparations

VÉGÉTATION DE FER À L'HARTMANNSWILLERKOPF.

d'assaut, l'artillerie n'a pu neutraliser tous les blockhaus ennemis, garnis de mitrailleuses. Le tir terriblement efficace de celles-ci immobilise les sections sous des nappes de balles. Le sergent Bernardin se traîne jusqu'à un trou d'obus. Soudain, « un éblouissement! Un souffle chaud au visage! Une détonation formidable suivie de cris de douleur! C'est "un gros seau noir à charbon" qui vient de tomber » exactement à l'endroit qu'occupait le sergent Bernardin il y a quelques secondes. Sa demi-section est hors de combat. Des hommes gisent, les membres disloqués. D'autres tentent de se relever. « Un chasseur s'affale mollement sur le flanc gauche. Il porte dans le dos, à hauteur du poumon droit, une ouverture béante, d'où s'échappe par bouillons un liquide rouge et fumant. »

L'attaque sur le Schratzmännele du 29 juillet, à laquelle le brave sergent Bernardin a pris part, était un épisode de la première phase de la bataille du Linge, celle qui du 20 juillet au 20 août 1915 vit les Français tenter par neuf fois de conquérir différents points du massif. La deuxième phase est celle de la réaction de l'ennemi. Le 31 août, les Allemands bombardent avec des obus à gaz avant de faire charger leur infanterie. Un nouveau pas dans l'horreur est franchi le 9 septembre lorsqu'ils font usage des lance-flammes. Aucun des deux adversaires n'aura finalement réussi à faire plier l'autre. Épuisés, ils cessent pratiquement toutes hostilités après le 16 octobre 1915.

Le volcan du Linge s'est éteint. Sur ses pentes, la forêt a disparu. Seuls quelques moignons émergent encore. La terre hérissée de fer exsude de la rouille et du chlore. Des ossements humains parsèment ce sol

CROIX ALLEMANDE AU LINGE.

empoisonné sur lequel les premiers flocons de l'automne épandent un suaire. Deux cimetières déroulent leurs rangées de croix. Celui du Barrenstall, au-dessus du collet du Linge, est allemand. Celui du col du Wettstein est français. Quelque 3 500 soldats, chasseurs pour la plupart, y reposent aujourd'hui. Plus de 7 000 autres poilus tombés pendant la bataille du Linge n'ont pas eu de tombe.

En 1968, sur l'initiative de M. Armand Durlewanger, qui a écrit les meilleurs livres sur la Grande Guerre dans les Vosges, a été défrichée la partie du champ de bataille entre l'extrémité de la crête du Linge et le collet, où un Mémorial a été ensuite construit. La tranchée française, taillée dans le grès en bordure de la crête aiguë, a été remise en état, ainsi que la tranchée allemande quelques mètres plus haut. Les ouvrages qui couronnent la position ont aussi été restaurés. La brume flotte souvent sur ces lieux impressionnants où l'on sent toujours une présence.

LA MONTAGNE TRAGIQUE

Du col du Bonhomme, aux portes de la Lorraine, à Cernay, au débouché des vallées alsaciennes de la Thur et de la Doller, la route des crêtes sinue à flanc de montagne. Ouverte par le génie militaire français entre 1914 et 1918, cette ancienne voie stratégique traverse quelques-uns des plus beaux sites des Vosges. Dans la direction de Cernay, depuis le Grand Ballon, elle s'infléchit jusqu'au col d'Amic, puis remonte vers le col du Silberloch d'où part, à gauche de la chaussée, une profonde tranchée qui mène au monument national de l'Hartmannswillerkopf.

L'édifice est trapu. Il évoque un ouvrage de fortification, à moins que ses contours ne soient ceux d'un temple. Deux Victoires flanquent l'entrée. L'inscription *Ad lucem perpetuat* s'inscrit sur une grille en fer forgé, par laquelle on accède à une crypte. En son centre se trouve une excavation, qui contient les ossements de milliers de soldats inconnus. Un bouclier de bronze de six mètres de diamètre, sur lequel reposent une épée héroïque et son fourreau, recouvre ce dépôt sacré. Le mot « Patrie » est gravé en lettres d'or sur le bouclier. Trois renfoncements de la crypte, qui reçoivent un éclairage zénithal, accueillent des lieux de prière dédiés aux cultes catholique, protestant et israélite. Dans la chapelle catholique, une Vierge, due au sculpteur Bourdelle, présente au monde l'Enfant-Dieu.

Le toit du monument national est une plate-forme sur laquelle une base maçonnée de plusieurs degrés élève l'Autel de la Patrie. Il regarde vers l'est le sommet de l'Hartmannswillerkopf et le bombement de ses pentes tragiques. Le voilà, ce « mangeur d'hommes » ! Trente mille soldats, pour moitié des Français, ont trouvé la mort sur ce champ de bataille. Quelque 1 200 d'entre eux reposent au cimetière du Silberloch, accroché à un pli de terrain qui prolonge le monument. À partir de cette nécropole, un sentier jalonné de vestiges des combats conduit au sommet de l'Hartmann, à 956 mètres. De là-haut, le regard embrasse toute l'étendue de la plaine d'Alsace, dans laquelle la montagne vient mourir.

L'attaque des Allemands les 19 et 21 janvier 1915, et celle des Français les 21 et 22 décembre 1915, bornent dans le temps les affrontements pour la possession de cette hauteur, dernière sentinelle avant la vaste plaine où brillent les feux de Cernay et de Mulhouse.

Le 19 janvier 1915, un détachement du 28e B.C.A. est encerclé au sommet de l'Hartmann. Le clairon des assiégés résonne. Quatre compagnies des 13e et 63e B.C.A. se portent à leur secours. « Par moments, la fusillade est telle que les gros sapins sont entièrement cisaillés par les balles. » Dans la soirée, chacun des adversaires engage des troupes supplémentaires. Personne ne réalise que l'Hartmann devient un brasier pour de très longs mois. Le détachement du 28e tient toujours. Le 20 à l'aube, par un froid glacial, une nouvelle attaque est lancée pour le dégager. Malgré les charges recommencées avec acharnement pendant neuf heures, la ligne ennemie qui fait cercle autour du point culminant de la montagne n'est pas percée. Le 21 janvier est un jour décisif. Les deux camps jettent d'autres phalanges dans la fournaise. Toutes les tentatives pour rejoindre les alpins du 28e échouent. Ceux-ci ont fait tête à un ennemi dix fois plus nombreux. Ils ont résisté jusqu'à la dernière cartouche. Ils n'ont plus de vivres. Le sous-lieutenant Canavy qui les commandait est mort. Le drapeau blanc est hissé. Les

BLOCKHAUS ALLEMAND
SUR LA CONTRE-PENTE NORD DU LINGE.

Allemands rendent les honneurs militaires à la poignée de survivants qui traverse Mulhouse la tête haute et l'arme à l'épaule. « L'Hartmann doit être repris », dit Joffre. Il le sera, en effet. Le 26 mars 1915.

Entre-temps, les Allemands en avaient fait une position fortifiée. Le 15-2, qui emporte le sommet, devient le régiment des « Diables rouges ». Il sera de tous les combats de l'Hartmannswillerkopf et plus particulièrement de cette grande offensive du 21 décembre 1915, qui assigne à la 66e division non seulement la reconquête de la crête, qui avait une fois encore changé de mains, mais encore l'expulsion de l'ennemi le long des pentes qui dévalent vers la plaine d'Alsace. Dans l'accomplissement de cette mission, les pertes du seul 15-2 s'élèveront en deux jours à 2000 hommes. Le régiment en avait perdu près de 800 au Spitzenberg en septembre 1914, 800 autres dans les combats de rues de Steinbach le 20 janvier 1915.

Les noms de tous ces postes d'honneur s'inscrivent en lettres de sang sur le drapeau du 152e R.I. Le soldat André Maillet, dont le régiment était, les 21 et 22 décembre, à côté du 15-2, est un grand témoin de ces heures dramatiques: « Combien de temps a duré l'infernale tuerie? Les canons se sont tus. Les ténèbres appesantissent leurs voiles sur les corps qui se tordent et meurent. Silence. Des formes remuent, essayent de percer la masse de terre qui les recouvre... D'autres, immobiles, clouées au sol, râlent: "J'ai soif!... – À boire! – Ah! mon Dieu! – Venez me chercher!... – Ah, maman! maman!" Mais rien ne vient apaiser les chairs brûlantes de fièvre; personne n'accourt à l'aide des martyrs qui se tordent des dernières douleurs. Le Dieu lointain, imploré, reste sourd aux invocations... Et les mères, les mères mêmes, ne viennent pas se pencher sur les lèvres ardentes qui les appellent éperdument... Les cris s'éteignent. Puis la rumeur immense des mourants renaît, se traîne sur le champ de carnage et s'élève, des profondeurs de l'Abîme, jusqu'aux étoiles. »

Cette rumeur spiritualisée, le firmament la répercute jusqu'à nous. Qui saura dire ce qu'est l'ultime espoir d'un agonisant qui tourne son âme vers le ciel?

BERNARD GIOVANANGELI

LA CRÊTE DU LINGE.
SÉPULTURES DE SOLDATS FRANÇAIS
EXHUMÉS DANS LES ANNÉES 1970

UN OUVRAGE ALLEMAND AU SUD
DE NEUVILLE-SAINT-VAAST.

LA STATUE DU GÉNÉRAL MAISTRE SUR LA COLLINE DE NOTRE-DAME DE LORETTE.

L'Artois, 1915

Notre-Dame de Lorette

Notre-Dame de Lorette, au nord d'Arras, doit son nom à la ville italienne de Loreto, lieu de pèlerinage marial de la province des Marches sur les bords de l'Adriatique. Au début du XVIIIe siècle, à la suite d'une guérison obtenue à Loreto, le peintre Florent Guilbert, habitant d'Ablain-Saint-Nazaire, ramenait une statuette de la Vierge et faisait construire sur un champ qu'il possédait sur la colline un modeste oratoire dédié tout naturellement à Notre-Dame de Lorette. À partir de 1729, la célébration de la messe y est autorisée et le site devient un lieu de pèlerinage important. L'oratoire est détruit en 1794, mais relevé en 1815. Entre 1870 et 1880, il cède la place à une chapelle plus importante, celle qui se dressait encore en août 1914 au moment de l'invasion allemande.

Avec la toute proche crête de Vimy, la colline de Notre-Dame de Lorette constituait un même mouvement géologique, que le ruisseau de la Souchez a partagé en formant un large passage. Détachée de l'ensemble, la colline de Lorette, par sa position culminante au sein de l'Artois, fut au cours des âges un site stratégique. Montant du nord en pente douce jusqu'au sommet, elle présente en revanche sur le versant opposé des pentes escarpées et découpées en cinq éperons à peu près parallèles et pointant vers le sud, successivement l'éperon Mathis, le Grand Éperon, l'éperon des Arabes, celui de Blanche-Voye, et enfin celui de Souchez, ce dernier dominant de haut le débouché du village d'Ablain-Saint-Nazaire. De là, le site, qui s'avance jusqu'à la cote 165, offre des vues au nord sur les faubourgs de Lille, à l'est sur la plaine de Douai et de Lens, sur la crête de Vimy au sud-est, plus au sud sur la ville d'Arras, et vers le sud-ouest sur les tours de l'abbaye du mont Saint-Éloi, autre lieu éprouvé par l'Histoire.

Observatoire privilégié, cette colline devient rapidement un enjeu majeur pour les deux camps de la Grande Guerre. Tout autant disputée, avec le même acharnement, la crête voisine de Vimy deviendra le titre de gloire des Canadiens, alors que la colline de Lorette subira des épreuves qui lui vaudront l'appellation de Verdun de l'Artois, tant est considérable le nombre de soldats français tombés en ce lieu.

On y accède aujourd'hui par une route particulière, à partir de la route d'Arras à Béthune, après avoir traversé le village de Souchez. Il est encore possible de s'y rendre en venant de l'ouest en passant par Carency ou Ablain-Saint-Nazaire.

Notre-Dame de Lorette ne subit pas tout de suite les violences de la guerre. En déferlant par la Belgique, les armées allemandes infléchissent leur route vers le sud-est et le sud, délaissant sur leur droite la région du Nord. L'objectif est de prendre Paris par l'ouest puis d'envelopper

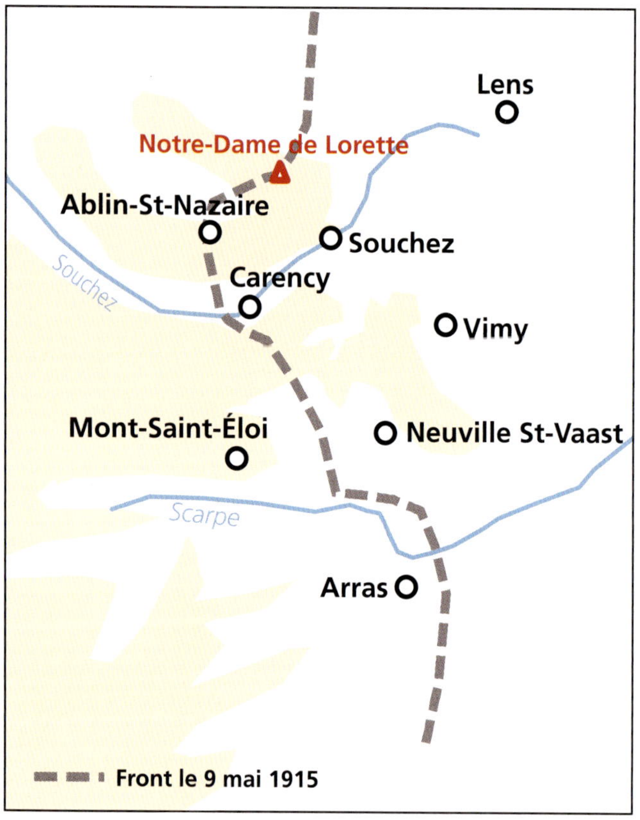

les armées françaises. Victoire définitive assurée à un envahisseur qui ne cesse de faire reculer Français et Britanniques – ceux-ci viennent de traverser la Marne. Or, l'attaque menée sur le flanc droit allemand le 5 septembre 1914, et le retour offensif des armées alliées déclenché par le général Joffre le lendemain matin, remettent en jeu les plans de l'ennemi. Si la fortune hésite quelques jours, elle désigne son camp dans la journée du 9 lorsque les Allemands se replient vers le nord.

Dès lors, chacun des adversaires transfère en direction de l'ouest division après division pour tenter d'envelopper l'aile extrême de l'autre. Prenant à partir de Verdun une direction générale qui suit les hauteurs de l'Aisne au nord de Reims, le front fait un coude autour de Noyon, Lassigny et Roye pour remonter jusqu'à la mer du Nord. Si Arras, quelques jours occupée début septembre, ne retombe pas aux mains ennemies, c'est de justesse, grâce à l'arrivée du 10ᵉ corps du général de Maud'huy, lors de combats se déroulant à partir du 1ᵉʳ octobre. Mais l'envahisseur contourne la ville et occupe les hauteurs de Vimy et de Notre-Dame de Lorette.

Prenant les Français de vitesse, les Bavarois envoient dans la nuit du 4 au 5 octobre une patrouille qui occupe sans combat la colline de Lorette. Le général Foch, qui vient de prendre le 4 octobre auprès de Joffre les fonctions d'adjoint au général en chef, voit le danger et ordonne la reprise de la hauteur. Le 6, des cavaliers prennent pied sur le plateau et sont relevés le lendemain par le 21ᵉ corps, aux ordres du général Maistre, qui vient du front de Champagne. Les premiers combats pour le site de Notre-Dame de Lorette commencent dans la nuit du 9 au 10, lorsqu'une compagnie du 149ᵉ régiment d'infanterie parvient à enlever une partie du terrain. La guerre des tranchées commence.

En Artois, elle se déroule dans un sol de craie et de silex recouvert d'un humus que la moindre pluie transforme en une boue grasse, cloaque infâme dans lequel les soldats se déplacent lors des relèves, vivent et se battent: « Nous enfonçons dans la mélasse jusqu'aux genoux, jusqu'aux cuisses. Bâton et fusil servent de béquilles dans ce terrain mouvant. […] Un faux pas, c'est la chute dans un de ces monstrueux trous de marmite, c'est l'enlisement jusqu'aux épaules dans la boue qui happe, attire, étreint, c'est la mort si des camarades dévoués, à l'aide de cordes et de perches, ne vous arrachent, après plusieurs heures de travail, à cette glu immonde… […] On marche, on glisse, on tombe, on se relève en jurant, on a perdu la file, on se fait pousser, bousculer, on saisit pour ne plus se perdre la courroie de charge de l'homme qui précède; il vous rejette d'une bourrade… Chute à droite, chute à gauche; un fil téléphonique vous prend à la gorge, une planche en travers vous accroche le pied… Ce n'est plus un soldat qui marche, c'est de la boue qui marche… et parfois de la boue sanglante… Ceux qui ont fini s'en vont loqueteux et sordides, grelottants, harassés; ceux qui restent, guère plus brillants, s'aménagent un semblant de toit avec un coin de toile de tente, avec un peu de glaise amassée sur quelques brindilles; les plus veinards avec un fragment de tôle qui traînait dans la boue ou avec des planches arrachées par le bombardement du jour à un abri… » C'est la vie du poilu en Artois que dépeint là le caporal d'infanterie Galtier-Boissière.

Utilisant remarquablement le terrain, les Bavarois transforment Souchez, Carency et Ablain-Saint-Nazaire, au pied de la colline, en véritables ouvrages fortifiés. Du 9 octobre au 4 novembre, les hauteurs changent plusieurs fois de mains, la chapelle, rapidement rasée par les combats, demeure à l'ennemi. Il ne restera désormais que des ruines et la cote 165, à la fois un chiffre et un symbole, que les Français mettront un an de combats à reprendre.

Le 13 octobre 1914, Lille est tombée. Le 20, la course à la mer touche à son terme, et ce ne sont pas les violents combats de la Lys et de l'Yser qui remettront en cause la fixation durable du front.

Dès lors, que faire? Le Grand État-Major allemand procède sans tarder à un renversement stratégique en se mettant en défensive à l'Ouest et en portant prioritairement ses efforts à l'Est. L'allié russe contraint à la paix, les armées allemandes se retourneraient vers l'Ouest pour mettre fin rapidement à la guerre. En réponse, les états-majors alliés se voient imposer des choix qui les conduisent à une guerre statique, longue, et d'usure. Seule issue possible, percer les lignes allemandes pour renouer avec la guerre de mouvement.

Le tracé général du front permettant de concevoir des actions convergentes, des offensives seront menées simultanément pour percer en Artois et en Champagne. Les débouchés offerts dans la plaine de Lens et dans celle de Champagne devraient contraindre l'ennemi à la retraite et à la libération du sol national. Ces actions retiendraient en même temps à l'Ouest un volume significatif de forces allemandes, ce qui soulagerait d'autant les armées russes sur le front oriental.

Si le débouché paraît immédiat en Champagne, un préalable s'impose en Artois: la conquête des hauteurs de Notre-Dame de Lorette et de Vimy. Alors seulement, il sera possible d'exploiter la percée au-delà. Mais les tentatives d'octobre viennent d'en démontrer la difficulté.

Joffre redéploie ses moyens. Dans le Nord, il forme une 10ᵉ armée qu'il confie le 5 octobre à Maud'huy. Le Corps

UN BALLON D'OBSERVATION.

DANS UNE TRANCHÉE À NOTRE-DAME DE LORETTE.

expéditionnaire britannique s'étoffe en s'organisant en deux armées aux ordres du maréchal French. En face, c'est la VIe armée allemande, celle du Kronprinz Ruprecht de Bavière, qui vient d'être transférée de l'est du front.

De décembre 1914 à septembre 1915, trois grandes offensives, françaises et britanniques, sont lancées en Artois.

La première implique la 10e armée (10e, 21e et 33e corps) et un corps de cavalerie. Placée sous la responsabilité de Foch, elle est soigneusement préparée et concerne un front d'attaque s'étendant d'Arras au sud à La Bassée au nord. Les Britanniques prennent le relais jusqu'à Neuve-Chapelle. L'effort porté dans le secteur français aura pour objectif la crête de Vimy.

Le 16 décembre, un fort bombardement précède l'attaque. Manquant d'artillerie lourde, Foch fait soutenir d'abord le 21e corps qui part le lendemain 17 au matin en direction de Notre-Dame de Lorette. On progresse peu. Le 33e corps du général Pétain part à son tour en début d'après-midi en direction des hauteurs de Vimy. Longeant la colline de Lorette, il échoue devant le village de Carency face à la solidité des organisations ennemies. L'offensive reprend le lendemain, puis encore le 19, et le 27. La pluie et la boue y mettent un terme.

Des combats meurtriers se prolongent encore en janvier 1915, permettant au 21e corps d'enlever le premier éperon, celui de Mathis. L'offensive a aussi pour résultat d'enchevêtrer, sur la colline même, les lignes des adversaires, à un point tel que d'un camp à l'autre les tracés des tranchées sont parfois communs !

Puis c'est aux Allemands d'attaquer. Le 3 mars, ils lancent une opération qui débute par un violent tir d'artillerie et par des tirs de mines: « 3 mars 1915, attaque allemande préparée de longue date. Seize mines allemandes creusées sous les tranchées françaises explosent en même temps à 7 heures du matin (heure allemande). Notre-Dame de Lorette, ainsi que toute la hauteur, semble sauter en l'air... [...] Le but de l'attaque était de déloger les Français du versant de Notre-Dame de Lorette. Pour cela il fallait pénétrer au moins sur une profondeur de 200 mètres dans les lignes françaises... » Ce sont bien sûr les Allemands qui parlent. Trois de leurs régiments d'infanterie reprennent l'éperon Mathis. Une contre-attaque permet de le reconquérir partiellement. Ces combats, coûteux pour les deux camps, durent jusqu'au 9 mars.

Le 15 mars, nouvel assaut, français cette fois. Après une préparation d'artillerie bien menée, le 158e d'infanterie s'emparait de haute lutte du Grand Éperon. Ce fait d'armes lui vaudra après la guerre l'appellation de « Régiment de Lorette ». Le Grand Éperon, cependant, ne reste définitivement aux mains des Français que le 15 avril; nos pertes en morts et en blessés équivalent à un régiment. Il reste un kilomètre, un malheureux kilomètre pour arriver aux ruines de Notre-Dame de Lorette. Quant à la cote 165, seulement à quelques centaines de mètres plus loin, elle est encore hors de portée.

En Champagne, l'offensive lancée simultanément en décembre vient de s'achever en mars sans obtenir de résultats tangibles.

Notre-Dame de Lorette n'attend guère pour subir à nouveau le feu. Les bases d'une nouvelle offensive en Artois sont jetées début mars. Entre-temps, toujours appelée à conduire l'action décisive, la 10e armée passe sous le commandement du général d'Urbal qui définit le 8 avril les modalités de l'attaque. Il s'agit encore de s'emparer de cette crête de Vimy sur laquelle s'exercera l'action principale, une attaque latérale visant au nord la colline de Notre-Dame de Lorette.

La deuxième offensive d'Artois engage des moyens deux fois plus importants que la précédente. La 10e armée est portée à six corps. Deux corps de cavalerie lui sont adjoints pour exploiter la rupture du front. Plus de mille pièces d'artillerie sont réunies avec un approvisionnement considérable. L'aéronautique prend une importance croissante. Les Britanniques engagent une armée avec, également, deux corps de cavalerie en réserve.

Opposant des effectifs inférieurs, l'ennemi, qui est toujours la VIe armée, s'appuie sur des retranchements qu'il n'a cessé de perfectionner depuis l'offensive précédente. Face au secteur français, le Kronprinz de Bavière a organisé sa défense le long d'une ligne courant de la colline de Lorette à Arras, avec les villages d'Ablain-Saint-Nazaire et de Carency, ceux de la Targette et de Neuville-Saint-Vaast, points d'appui que relient des fortifications de campagne constituées d'abris bétonnés, de casemates, de nids de mitrailleuses, l'ensemble desservi par des kilomètres de boyaux. En deuxième ligne, l'artillerie occupe les hauteurs de Vimy – objectif de la 10e armée –, d'où elle dispose de vues excellentes... sur les lignes françaises.

Le 9 mai à 10 heures, la 10e armée s'élance. À gauche, elle enlève Loos, aux portes de Lens, mais est rejetée sur sa base de départ. Sur le plateau de Lorette, le 21e corps, toujours celui de Maistre, ne progresse que de 200 mètres.

Au centre, le 33e corps, celui de Pétain, enlève le Cabaret Rouge sur la route d'Arras à Béthune et aborde Givenchy. Sa Division marocaine franchit d'un seul élan toutes les positions ennemies. À 11 heures, des éléments légers entrent dans Givenchy et atteignent le Petit-Vimy au pied de la crête. Est-ce la percée? Mais l'artillerie manque de munitions, les réserves arrivent trop tard. D'Urbal est pris au dépourvu, et l'ennemi se ressaisit. Vers 15 heures, après avoir rameuté tout ce qu'il pouvait avoir de troupes sous la main, il lance une violente contre-attaque. La Division marocaine doit abandonner la crête de Vimy, en ramenant cependant 1 500 prisonniers, plusieurs canons et des dizaines de mitrailleuses.

À droite, il faut céder le soir une partie du terrain gagné dans la journée. À l'extrême droite du dispositif général, la première ligne allemande n'est même pas atteinte. L'offensive britannique commence elle aussi le 9 mai et n'obtient que des résultats limités.

De nouveaux assauts sont menés les jours suivants et ainsi jusqu'au 25 mai. Le mauvais temps contraint à suspendre les combats. On ne repart que le 22 juin. On avance pied à pied. En contrebas de la colline de Lorette, les 21e et 33e corps s'emparent du fortin de Blanche-Voye qui flanque à l'est les abords d'Ablain-Saint-Nazaire. Le village tombe entièrement le 27 après trois jours de combats acharnés. C'est toute la colline qui paraît investie, alors que les hauteurs restent toujours disputées. Le 1er juin, le 33e corps enlève la sucrerie de Souchez, et le 13, la station de Souchez, avec l'aide du 21e qui progresse au nord de la colline en direction du village d'Angres au nord-est, mais qui bute sur le village lui-même.

Il faut en finir. Sans préparation d'artillerie, l'infanterie s'élance en surprenant un instant les Allemands. Les 21e et 33e corps, de part et d'autre de la colline, avancent peu, sauf la Division marocaine qui atteint la cote 119 sur la crête de Vimy. Souchez reste toujours aux mains des Allemands qui contre-attaquent et reprennent le terrain perdu.

Nouvelle attaque le lendemain. Elle se poursuit le 18 juin sans grands résultats. La troupe n'en peut plus. Finalement, le 25, Joffre, Foch, d'Urbal et French décident d'un commun accord de mettre fin à l'offensive. Le 29 juin, les combats s'achèvent à Angres, au pied de la colline.

Cette deuxième offensive d'Artois vient de coûter plus de 100 000 hommes aux Alliés. Les Allemands n'en auraient perdu que la moitié. C'est dire la violence de la bataille face à une défense qui vient de faire preuve d'une étonnante capacité de résistance. Et le succès n'a pas été au rendez-vous. De plus, cette deuxième offensive d'Artois n'a pu empêcher les Russes d'être battus en Galicie.

La bataille est finie. Le village d'Ablain-Saint-Nazaire qui vient d'être conquis est anéanti. Le caporal Galtier-Boissière, montant en ligne à la fin de 1915 à son retour de permission, en conserve un souvenir saisissant : « Blotti au pied du plateau dénudé de Notre-Dame de Lorette, Ablain fut un des premiers villages reconquis par les troupes françaises, à l'offensive du 9 mai. On s'est battu à la grenade et au couteau dans les

REPAS FUNÈBRE À CARENCY.

ruelles où se dressent encore des barricades; on s'est colleté dans les caves. Les murs sont éventrés, les toitures scalpées, les arbres fauchés; les petits jardins sont ensevelis sous des monceaux de gravats où s'enchevêtrent, sous les moellons, des poutres brisées, des châssis de fenêtre et des grilles tordues. Certains toits, dont toutes les tuiles ont été pulvérisées, n'ont conservé que leur charpente de bois ajouré, en équilibre sur des murailles branlantes. Lorsque des fusées illuminent l'horizon, on dirait d'immenses toiles d'araignée tissées dans le ciel doré. »

À peine sorti de cette offensive d'Artois, Joffre veut conserver l'initiative et prépare à nouveau deux opérations de grand style. Elles démarreront le 25 septembre 1915. En Champagne, la deuxième offensive couvrira un front d'attaque deux fois plus important que le précédent et engagera deux armées au lieu d'une seule. Ce que l'on appellera la troisième offensive d'Artois reprend le même front d'attaque et concerne toujours une armée britannique et la 10e armée française de d'Urbal. L'objectif reste le même: rompre le front, sinon s'emparer des hauteurs de Vimy, et fixer les effectifs ennemis les plus importants possible. L'opération comprend toujours une attaque principale sur la crête de Vimy, flanquée au nord par une action sur Souchez, au sud par une « forte poussée » au niveau d'Arras.

La préparation d'artillerie commence le 18 septembre. En ce début d'automne, les conditions météorologiques gênent les opérations. Le 25, l'assaut est retardé de cinq heures. Ce n'est qu'à midi passé que l'infanterie s'élance. Une demi-heure après, il pleut. Très vite, les résultats sont connus. Seule la gauche obtient quelques succès significatifs: les 21e et 33e corps atteignent à peu près leurs objectifs avec le bois de Givenchy et le village de Souchez.

Un succès obtenu par les Britanniques à Loos, aux portes de Lens, incite Foch à relancer l'attaque. Les 21e et 33e corps progressent encore. Le village de Souchez est pris. Enfin! Si on ne peut déboucher immédiatement au sud, en revanche on atteint l'important carrefour des Tilleuls sur la grande route de Vimy. Puis en fin de journée, le 108e d'infanterie n'entend plus un coup de feu ni un coup de canon. On se hasarde alors à pousser la cavalerie en avant. Cette fois-ci, il faut foncer! Or, la percée semble possible en Champagne où l'offensive bat son plein. Joffre réserve donc ses moyens, quitte à le faire au détriment de celle d'Artois.

LE CIMETIÈRE BRITANNIQUE DU CABARET ROUGE À SOUCHEZ.

Mais Souchez a été pris. Voici à nouveau le caporal Galtier-Boissière qui vient de traverser Ablain-Saint-Nazaire en ruines et qui découvre ce qui reste du village de Souchez, c'est-à-dire rien, absolument rien: « Soudain, derrière un boqueteau sinistre dont les arbres abattus par la mitraille raturent le ciel comme une armée de grotesques manches à balai, Souchez nous apparaît. Le paysage est si hideux, si hors nature, que je me demande si je ne rêve pas: c'est une vision d'infernal cauchemar, le lugubre décor de quelque conte fantastique d'Edgar Poe. Ce ne sont pas des ruines: il n'y a plus de maisons, plus de murs, plus de rues, plus de formes. Tout a été pulvérisé, nivelé par le pilon. Souchez n'est plus qu'une dégoûtante bouillie de bois, de pierres, d'ossements, concassés et

SOUCHEZ. UNE VICTOIRE AILÉE BRANDIT SES LAURIERS AU-DESSUS DE LA STATUE DU GÉNÉRAL BARBOT.

pétris dans la boue. Comme sur la mer après un naufrage, quelques épaves gisent éparses sur un tapis de boue luisante. Les caves doivent être pleines de squelettes allemands. Des décombres puent la mort. Lorsque Souchez cessa d'être le théâtre d'une guérilla journalière, l'eau acheva l'œuvre du feu : la petite rivière, qui certains soirs coula rouge, se révolta, sortit de son lit, s'efforça de submerger les décombres. Quelques îlots de ruines émergent seuls de la boue ; néanmoins les obus ennemis s'acharnent à fouiller sans pitié les entrailles du bourg assassiné. »

Les opérations redémarrent le 27 septembre. Rien n'y fait malgré une solide préparation d'artillerie. La troupe s'épuise, les munitions également, le terrain sans cesse retourné par les obus devient un invraisemblable bourbier sous la pluie continuelle. Pourtant Foch considère qu'il faut toujours attaquer. Mais il faut réorganiser les unités, et malgré son insistance, d'Urbal ne peut proposer que la date du 10 octobre.

Or le 10 octobre, les Allemands prennent les devants par une violente réaction dans le secteur britannique. Finalement, ce n'est que le lendemain que la 10e armée repart à l'attaque. Cette fois, la colline de Lorette est enfin totalement conquise. Au terme d'un an de combats acharnés !

Le 14 octobre, Joffre et French suspendent les opérations en Artois. Il en est de même en Champagne. Ainsi s'achève pour la 10e armée française la troisième offensive d'Artois, et pour nos alliés britanniques ce que leur histoire a retenu sous le nom de « bataille de Loos ».

Plus de 180 000 soldats français sont tombés dans les combats de Notre-Dame de Lorette pour une avancée de trois kilomètres. Tant de morts pour si peu de résultats ! C'est sans doute moins que le prix payé par les armées françaises devant Verdun en 1916. Mais perdre tant de monde sur aussi peu d'espace ! À Verdun, l'enjeu avait un sens. Défendre Verdun, c'était défendre la France. En revanche, enlever le site de Notre-Dame de Lorette, était-ce nécessaire ? Sa conquête en octobre 1915 ne change pas le cours de la guerre. En fait, il n'y a ni défaite ni victoire mais simplement un sol cruellement marqué par le sacrifice des soldats français. Que dire aussi des soldats allemands qui donnèrent au site l'appellation de « Totenhügel », la « colline de la mort » ! Le général Maistre disait : « C'est un lieu que l'on ne peut parcourir qu'à genoux. »

La nécropole nationale de Notre-Dame de Lorette, construite immédiatement après la Grande Guerre, contient les restes de plus de 42 000 soldats, et certainement bien davantage avec ceux jamais exhumés. S'étendant sur plus de 13 hectares, elle renferme l'ossuaire le plus important de France – plus encore que celui de Douaumont – avec les restes de 22 000 soldats non identifiés. À l'extérieur, 20 000 tombes constituent un immense cimetière ; parmi ces tombes, dans les premiers rangs, se trouve celle du général Ernest Barbot, humblement inhumé comme un simple soldat.

Deux constructions de pierre blanche, une basilique et une tour-lanterne, œuvres de l'architecte lillois Louis Cordonnier, dominent cet immense champ de croix qu'agrandit encore un important carré de stèles musulmanes.

Une imposante basilique a pris la place de la petite chapelle d'avant la guerre. Construite sur souscription avec les dons des familles ayant perdu l'un des leurs en Artois ou ailleurs, elle a ses murs intérieurs recouverts de milliers de plaques de marbre rappelant leurs noms. Construction de style romano-byzantin, elle est bénie le 26 mai 1927 par monseigneur Julien, évêque d'Arras, et consacrée le 5 septembre 1937. À l'intérieur, on remarque les vitraux de Charles Lorin, d'après les cartons du Français Henri Pinta – dont trois enfants sont morts dans cette guerre – et ceux de l'Anglais Henry Paine. Dans le transept de gauche, une statue représente monseigneur Julien, évêque d'Arras, debout et se recueillant sur la sépulture d'un soldat français.

Face à l'entrée de la basilique se dresse la tour-lanterne, de 52 mètres de haut, dont le faisceau lumineux, tel le fanal d'un phare, se voit à 70 kilomètres à la ronde. Son édification débute avec la pose de la première pierre par le maréchal Pétain le 19 juin 1921. Elle est inaugurée le 2 août 1925 par Paul Painlevé,

NOTRE-DAME DE LORETTE. LA NÉCROPOLE NATIONALE,

président du Conseil, et abrite une crypte renfermant les ossements de soldats des deux guerres mondiales, des guerres d'Indochine et d'Afrique du Nord. Sept autres ossuaires occupent les extrémités du cimetière.

En quittant la nécropole, et avant de redescendre vers le village de Souchez, une statue, à droite de la route, retient encore un instant l'attention du voyageur. Œuvre du sculpteur Max Blondat et inaugurée le 26 mai 1927, elle représente un soldat en tenue « bleu horizon » levant la tête vers son chef, le général Maistre, commandant ce 21e corps qui fut engagé durant toute l'année 1915 à l'assaut de la colline.

Expression unique en France de ces hauts lieux de la Grande Guerre, le site de Notre-Dame de Lorette veille en permanence ses morts depuis 1920. Les communes de l'Artois en effet affirment encore aujourd'hui la volonté d'entretenir sur la colline même un lien particulier avec leurs aînés dans le souvenir des épreuves endurées. Haut lieu spirituel qui renoue avec la vocation originelle du site, il est redevenu grâce à cette initiative locale un lieu de pèlerinage consacré cette fois à la mémoire de ces soldats, croyants ou non, que la reconnaissance nationale a réunis sur place. « Honneur à nos grands morts » déclarait Georges

LA BASILIQUE ET LA TOUR-LANTERNE.

Clemenceau devant l'Assemblée nationale, le jour de l'Armistice ! Notre-Dame de Lorette est l'une des manifestations de cette démarche de reconnaissance.

La basilique et la tour-lanterne se voient de loin. Cette tour à l'origine devait être l'un des maillons d'une chaîne de constructions identiques édifiées à vue des unes et des autres pour matérialiser le tracé de l'ancien front. Finalement, pour des raisons qui sont bien évidemment d'ordre financier, seuls les beffrois de Notre-Dame de Lorette et de Douaumont ont vu le jour.

Très symboliquement, on aperçoit de la route le sommet de la basilique, à travers les ruines de la nef de l'église d'Ablain-Saint-Nazaire. Mais en montant sur le plateau, c'est au dernier moment que le site se découvre. Si l'on se retourne, on aperçoit au loin les terrils de Lens et le monument aux morts des Canadiens de Vimy.

Le silence de l'immense nécropole s'impose à tous ceux qui parcourent l'étendue du plateau. Il provoque une émotion profonde et incite au recueillement. Il nous rappelle en effet que cette partie de la terre de France a été un lieu de souffrance et qu'elle contient encore dans son sein nombre de ses fils.

HENRI ORTHOLAN

AVANT L'ASSAUT, EXPLOSION
D'UNE MINE DEVANT
LES LIGNES FRANÇAISES.

LE MONUMENT COMMÉMORATIF DES BATAILLES DE CHAMPAGNE.

La Champagne, 1915

La ferme de Navarin

Le promeneur qui, à partir de Châlons, remonte la Champagne pouilleuse vers le nord par la route de Vouziers longe à main droite, au-delà de Suippes, le camp de manœuvres du même nom. Mais à peine a-t-il franchi le village suivant, Souain-Perthes-les-Hurlus, qu'il remarque à gauche dans un paysage ondulé une butte sur laquelle s'élève un monument d'un type un peu particulier. S'approche-t-il encore qu'il distingue les statues de trois personnages qui paraissent s'élancer du sommet d'une construction pyramidale. Arrivé à leur hauteur, il se trouve face au monument-ossuaire de Navarin érigé en souvenir des offensives de Champagne de la Grande Guerre. Au-delà, la route se poursuit vers Sommepy-Tahure, puis quitte le département de la Marne pour entrer dans celui des Ardennes.

Il existait, immédiatement de l'autre côté de la route, dans le périmètre de l'actuel camp de Suippes, une construction vraisemblablement en briques et en bois, la ferme de Navarin. Isolée dans un habitat très dispersé, elle se situait au croisement de la route départementale et d'un chemin conduisant de Verzenay à Grateuil. Autrefois appelé le Grand Chemin, il s'agissait de l'ancienne voie romaine reliant Reims à Grandpré en direction du nord-est. D'abord connue comme ferme de Rougemont, du nom du lieu-dit, la construction aurait changé de nom en 1836, en souvenir de la bataille navale remportée par les flottes française et anglaise sur la flotte ottomane à Navarin au large de Corfou en 1827. Elle aurait été bâtie entre ces deux dates. En 1914, avant l'orage qui allait conduire à sa disparition, elle était habitée par Parfait Camus-Jardin et son épouse. Le choix de son emplacement, sur un site totalement exposé aux vents, quoique, à l'époque, sans doute un peu boisé, s'explique en partie par la fréquentation du Grand Chemin, et l'on pense que cette ferme servait d'estaminet et d'auberge.

La ferme de Navarin, située sur la ligne de front dès septembre 1914, est totalement détruite lors de la deuxième offensive de Champagne du 25 septembre 1915. Il n'en restera plus qu'un nom dans les communiqués militaires. En 1983, des travaux sur la route périphérique du camp de Suippes ont permis de retrouver son emplacement exact.

Lors de l'invasion d'août 1914, les armées allemandes ne font que passer en Champagne pouilleuse. Le 29 août, descendant de Rocroi, la IIIe armée du général von Hausen emprunte la région en repoussant devant elle le détachement d'armée du général Foch qui vient d'être constitué. Von Hausen traverse la Marne le 5 septembre à Vitry-le-François. À la suite du retour offensif des armées françaises au sud du fleuve, il remonte vers le nord dès le 9, entraîné

EN PREMIÈRE LIGNE.

par le repli général, suivi plus que talonné par la 4e armée française du général de Langle de Cary.

Le 13 septembre, le front se stabilise en Champagne pendant que les Britanniques du maréchal French se heurtent aux positions solidement tenues de Cerny-en-Laonnois sur le Chemin des Dames. Le général Franchet d'Esperey vient de libérer Reims mais ne peut la dégager totalement. D'ailleurs, la guerre de mouvement vit ses dernières semaines et s'achèvera, lors de la « course à la mer », par les combats de la Lys et de l'Yser dans le nord, en territoire belge et français.

Dès le 20 octobre, le front se fige de la Suisse à la mer du Nord. En Champagne, la ligne de front passe au sud-est de Reims par les villages d'Aubérive, Souain, Perthes-les-Hurlus, Le Mesnil-les-Hurlus, Massiges, pour se poursuivre en Argonne à la hauteur de Vauquois, jusqu'à Verdun. Aubérive et Perthes-les-Hurlus n'ont pu être reconquis. Souain et Le Mesnil-les-Hurlus sont aux avant-postes français. Il faut noter que les Allemands tiennent les hauteurs, comme les buttes de Souain, de Tahure, du Mesnil et à l'est le mouvement de terrain qui a reçu le nom de Main de Massiges en raison de son aspect. Ainsi, à l'ouest, la ferme de Navarin, sise sur une éminence à environ trois kilomètres au nord du village de Souain, est restée entre leurs mains.

TACTIQUES

Cette fixation du front sanctionne l'échec du plan d'invasion allemand, le plan Schlieffen. Faute d'avoir pu envelopper les armées françaises et après l'inattendu redressement de la Marne, le Grand État-Major allemand choisit de se mettre en défensive à l'Ouest pour porter ses efforts à l'Est. C'est l'inverse des plans d'entrée en guerre. Dès ce mois de novembre, plusieurs corps d'armée partent vers l'Est, ainsi que presque toutes les divisions de cavalerie. En conséquence, les armées allemandes adoptent une position d'assiégées en se retranchant solidement en territoire français et belge, attitude facilitée par le fait que les combats éventuels se dérouleraient sur un sol qui n'est pas le leur. L'Allemagne se prépare à une guerre qui peut durer, et d'ailleurs elle réorganise rapidement à la fois son industrie et son armée.

La démarche française est exactement inverse. Elle repose sur une double nécessité et sur une erreur d'appréciation. Double nécessité, car d'un côté la libération du sol national s'impose sans discuter, de l'autre côté, tout doit être fait pour soulager l'allié russe qui subira désormais tout le poids des efforts des empires centraux, Allemagne et Autriche-Hongrie.

La défaite de la Russie signifie à terme celle de la France. Par ailleurs, Joffre n'oublie pas que l'entrée en guerre de la Russie en août 1914 a contribué au redressement de la Marne en obligeant le Grand État-Major à prélever des forces à l'Ouest au profit du front oriental. Erreur d'appréciation en même temps, car Joffre est persuadé que les armées allemandes ne se sont pas remises de leur défaite sur la Marne, et que l'Allemagne elle-même n'est pas en mesure de faire face à un conflit s'inscrivant dans la durée. Nos alliés britanniques en sont bien moins convaincus.

Dans l'esprit d'une grande partie de l'État-Major général français, et dans celui de Joffre bien sûr, il suffira donc de mener des offensives suffisamment vigoureuses pour percer le front et pénétrer jusqu'au cœur de l'Allemagne. Et puis, le front lui-même ne se prête-t-il pas à un tel projet? Dessinant un saillant de Verdun à la mer du Nord, il devra être percé en deux endroits, permettant une exploitation immédiate et des actions convergentes. Ainsi au nord, l'Artois permet-il de poursuivre dans la plaine de Lens et de Douai en direction de l'est. Au sud, la Champagne permet de déboucher en terrain dégagé vers le nord.

De premières offensives sont lancées en Artois et en Champagne durant l'hiver 1914-1915.

Celle d'Artois, déclenchée le 10 décembre 1914 au nord d'Arras, échoue sur les hauteurs de Notre-Dame de Lorette et de Vimy. En janvier 1915, elle s'achève dans la boue et le froid.

Celle de Champagne, menée par la 4e armée du général de Langle de Cary, concerne un front de 10 kilomètres, du village de Souain à celui de Massiges. Peu concernée, car relativement éloignée des combats, la ferme de Navarin ne connaît pas le feu. Cette première offensive de Champagne dure trois mois, en deux phases, du 20 décembre 1914 au 13 janvier 1915, puis du 12 février au 18 mars suivant. En face, il y a toujours la IIIe armée allemande, mais sous les ordres du général von Einem depuis septembre 1914. Là aussi, l'offensive se termine dans la boue et le froid avec des résultats sans rapport avec les pertes subies, 100 000 hommes en trois mois!

Il ressort essentiellement que la percée n'a été réalisée nulle part, et, pour le Grand État-Major allemand, il n'y a que cela qui compte. Entre-temps, en février 1915, il vient d'infliger en Mazurie une défaite de taille aux armées russes. Sans la capitulation austro-hongroise de Przemysl, dans les Carpathes, le 23 mars suivant, obligeant les armées allemandes à soutenir leur allié, la victoire à l'Est leur était peut-être acquise.

Cette guerre de positions sur le front de l'Ouest correspond au premier hiver de guerre. Comme sur l'ensemble du front, le soldat vit dans la tranchée et passe son temps à attendre entre deux attaques. Que faire, sinon survivre, dans ces boyaux creusés à la hâte, au caractère souvent provisoire, et revêtus du nom d'« abris » alors que la mort ne cesse de les frapper? Échanges d'artillerie, coups de main, relèves par des itinéraires fangeux et glissants, avec la mort présente à tout instant. Un homme veut accrocher sa capote à « quelque chose », il la retire, « c'est un pied, un pied qui sort du talus… et puis, là à droite, là où des baïonnettes tordues hérissent le sol, il y a un poing qui sort… un poing qui menace… puis un autre, puis des pans de capotes grises… le sol, la tranchée, le parapet sont truffés de Boches! » Description sinistre d'un simple soldat, Jean Bernard, dans *La tranchée rouge, feuilles de route.*

Mieux organisés, et finalement perdant moins de monde, les Allemands ne connaissent pas un sort bien meilleur, ainsi qu'un soldat du 68e régiment d'infanterie de réserve nous permet de le voir: « Nos tranchées sont en partie

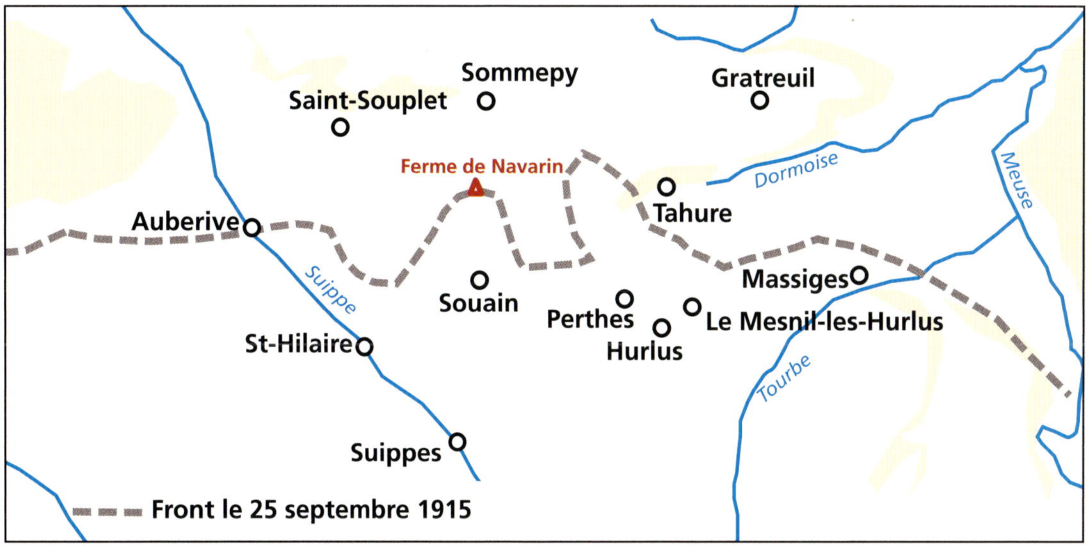

effondrées par le feu de l'artillerie. La vie y est épouvantable. L'eau et la boue entrent par-dessus les bottes. Pendant ces six jours, nous avons effroyablement souffert de la soif. Huit hommes touchent une gamelle de café par jour. Le 14 [février] nous recevons pour la première fois de l'eau qu'on a ramassée dans les flaques, malgré la défense qui en avait été faite à cause du typhus ; nous avons bu cette eau avec délice [...]. »

Cette guerre des tranchées devient de plus en plus une guerre de siège dans laquelle l'homme s'efface devant un matériel à l'importance croissante, dont la première part revient à l'artillerie. Si les Allemands disposaient dès le début du conflit d'une artillerie de tranchée avec leurs *Minenwerfer,* il faut attendre mai 1915 pour que les Français se dotent des premiers crapouillots, des mortiers avant l'heure. L'ennemi, par ailleurs, fait appel à une puissante artillerie lourde à tir rapide et plongeant, répondant parfaitement au nouveau type de guerre. Notre canon de 75 en revanche, remarquable pièce de campagne, se révèle moins adapté ; il est alimenté en munitions de qualité médiocre qui provoquent l'éclatement de plusieurs centaines de tubes, et souvent la mort des servants.

DANS UNE TRANCHÉE ALLEMANDE CONQUISE.

L'IMPOSSIBLE PERCÉE

Les leçons des deux échecs de l'hiver conduisent les états-majors français et britanniques à relancer sur une échelle plus vaste l'opération en Artois. Elle débute le 9 mai 1915. C'est encore un échec. À l'Est, les armées allemandes, qui attaquent au même moment en Galicie, obtiennent la percée à Gorlice et repoussent les armées russes derrière le cours du Bug supérieur fin juin. Là aussi, la pertinence des choix stratégiques allemands vient de se vérifier.

De nouvelles offensives en Artois et en Champagne sont alors décidées, avec des moyens encore supérieurs, et faisant l'objet d'une préparation particulièrement soignée. En Champagne, deux armées françaises sont engagées, la 4e du général de Langle de Cary, et la 2e, transférée d'Artois et dont le commandement vient d'être confié à Pétain, toutes deux sous les ordres du général de Castelnau, qui commande les armées du Centre.

Le front d'attaque est en conséquence le double de celui de l'offensive précédente. Il court, d'ouest en est, du village d'Aubérive jusqu'à celui de Massiges. La limite des deux armées passe à la hauteur du bois Sabot, la 4e armée à gauche, la 2e armée à droite.

Cette fois, la ferme de Navarin se trouve directement impliquée, se situant sur l'un des axes d'attaque de la 4e armée, sur cette route qui conduit de Souain à Sommepy. Elle l'est d'autant plus que la deuxième ligne de défense allemande passe à sa hauteur, avec à sa droite les tranchées dites « des Tantes », « de Lübeck » et « des Vandales », à sa gauche celle « de la Kultur ». En première ligne, de Langle de Cary place à son aile droite le 2e corps colonial soutenu directement par le 6e corps, et à son aile gauche, le 7e.

En face, c'est toujours la IIIe armée allemande du général von Einem. Ses effectifs sont moindres que ceux des deux armées françaises. En revanche, son organisation défensive est impressionnante. La première ligne suit exactement la ligne de front. La deuxième ligne, qui inclut la ferme de Navarin, occupe ensuite la contre-pente vers Sommepy. Une troisième ligne, éventuellement, pourra encore être organisée en arrière. Forcément renseignés sur l'offensive qui se prépare, les Allemands n'ont pas eu le temps de se fortifier autant qu'ils l'auraient voulu. Mais les points d'appui sont prêts, avec ouvrages bétonnés, réseaux de fil de fer barbelé et obstacles de toutes sortes. Décidé à ne mener qu'une bataille strictement défensive, l'ennemi attend de pied ferme les 2e et 4e armées françaises.

Les opérations d'Artois et de Champagne devaient être lancées fin août ou début septembre 1915. Il y a en effet urgence à l'Est. En pleine offensive, les forces allemandes percent à nouveau le front russe le 13 juillet. La Vistule est franchie le 29 en amont de Varsovie. Menacés d'encerclement, les Russes décrochent et évacuent Varsovie le 4 août. Les armées austro-allemandes prennent Brest-Litovsk le 25 août et atteignent le 16 septembre la ligne générale de Pinsk à la frontière de la Roumanie.

Après bien des reports, les offensives d'Artois et de Champagne sont enfin arrêtées au 25 septembre. La date est tardive, les derniers beaux jours sont passés.

La préparation d'artillerie commence le 22 septembre. Le 25 au matin, il pleut sur les hauteurs de Navarin, de Souain et de Tahure... À 9 h 15, les deux armées donnent l'assaut par surprise. L'élan des troupes est magnifique. À la 4e armée commandée par de Langle de Cary, le 2e corps colonial du général Blondlat attaque d'un seul mouvement. À droite, la Division marocaine investit rapidement le trou Bricot. Une maison se trouvait là, ancien lieu de rendez-vous pour les chasseurs. Au centre, la division coloniale du général Marchand, l'homme de Fachoda, enlève d'un seul bond la butte de Navarin et aborde celle de Souain. Sa progression est de trois kilomètres en moins de trois quarts d'heure. À ce moment, Marchand est grièvement blessé. Le mouvement reprend, alors que

UN FANTASSIN FRANÇAIS
POSANT À L'ENTRÉE D'UN ABRI.

LES RUINES DE L'ÉGLISE DE HURLUS.

la deuxième position allemande paraît faiblement occupée.

Or, peu après l'assaut initial, Blondlat apprend que la Division marocaine est sur le point de percer. C'est le moment de pousser en avant le 6e corps du général Paulinier pour exploiter un succès qui paraît s'annoncer. De Langle de Cary ordonne alors d'enlever sans hésiter la deuxième ligne allemande à la hauteur de la ferme de Navarin. Mais dans l'après-midi, il demande d'élargir d'abord cette brèche que l'on croit pratiquée à Navarin, avant d'atteindre le village de Sommepy. Paulinier devra donc faire tomber les tranchées dites « de Lübeck » et « des Vandales » à gauche de la ferme, et la butte de Souain à sa droite.

En fin d'après-midi, on est au contact. Un violent tir d'artillerie lourde arrête soudain les coloniaux qui refluent

vers le sud en décrochant de la ferme de Navarin. Les Allemands, un instant ébranlés, se sont ressaisis. Et en raison de confusions et de retards dans la transmission des ordres, l'opération est un échec : les deux tranchées restent à l'ennemi, la butte de Souain également. À gauche, on a pu s'emparer de toute la première ligne allemande, ainsi qu'à l'extrême gauche du front d'attaque, mais partout au prix de pertes considérables.

Le lendemain 26 septembre, il pleut toujours et la journée commence par une violente réaction de l'artillerie allemande. De Langle de Cary ordonne cependant la reprise de l'offensive, toujours avec la butte de Souain pour objectif. Très éprouvée, la 4e armée ne peut repartir que dans l'après-midi. Blondlat reconstitue ses unités et lance deux de ses divisions sur la même ligne : tranchées de Lübeck et des Vandales, ferme de Navarin et butte de Souain. Débutant à 14 h 30, l'attaque échoue, avec de lourdes pertes, devant les défenses établies par les Allemands à contre-pente. À gauche, cependant, une brigade a pu prendre pied dans la tranchée dite « des Tantes » mais, non soutenue, elle l'évacue vers minuit.

Malgré ces échecs, les résultats de ces deux premiers jours d'offensive ne sont pourtant pas négligeables, et le commandement français est persuadé que la victoire ne tient plus qu'à un fil. La première ligne ennemie a été conquise sur tout le front d'attaque, et les deux armées françaises se trouvent toujours au contact de la deuxième, ferme de Navarin comprise. Seize mille Allemands ont été faits prisonniers, un matériel considérable est tombé entre nos mains. Pendant ce temps, Joffre ne cesse d'envoyer des renforts qui arrivent dans la nuit du 26 au 27.

Le 27 septembre à 16 heures, l'assaut général est à nouveau donné. À la 4e armée, le 6e corps est arrêté immédiatement. L'un des soldats de ce corps, un simple poilu comme bien d'autres, 2e classe à la 8e compagnie du 67e régiment d'infanterie, Aristide-Amédée-Ferdinand Cassat, est tué à l'ennemi sur la tranchée de Lübeck, à gauche de la ferme de Navarin. Né le 26 juillet 1894 à Saint-Agnant-de-Versillat, dans la Creuse, il avait été incorporé à Soissons. Il repose toujours à la place où il est tombé, exactement à l'endroit marqué aujourd'hui par une petite croix métallique, à quelques dizaines de mètres de l'ossuaire de Navarin.

À droite, Pétain fait savoir qu'il ne peut reprendre l'offensive sans une préparation minutieuse, alors que Castelnau veut obtenir la percée à tout prix. Or, la tranchée des Tantes vient de tomber. Vers minuit, on croit à la percée dans cette zone. Blondlat prend alors le commandement direct de toutes les forces opérant dans le secteur de Navarin.

L'attaque recommence, nous sommes le lendemain 28 septembre. Une brigade de chasseurs parvient à progresser mais finit par être rejetée. Toutes les unités convergent pourtant vers ce que l'on croit être un succès. De nuit, le 7e corps attaque la tranchée des Tantes par la gauche, le 2e corps colonial par la droite. La division coloniale, celle de Marchand blessé le premier jour de l'offensive, avait en renfort la brigade de la Légion étrangère. Ce 28 septembre, le 2e régiment de marche du 1er régiment étranger s'engage entre Navarin et Souain et parvient à la hauteur de la tranchée « de la Kultur ».

Au début de l'attaque, l'écrivain Blaise Cendrars, caporal à la 3e compagnie du bataillon B du régiment, a la main droite coupée par une balle de mitrailleuse mais refuse de se faire évacuer. Devant lui, les 1re et 2e compagnies résistent mais se font anéantir. L'ordre de repli arrive à 22 heures, le régiment a perdu le tiers de ses hommes. Un camarade de Cendrars l'aide à retrouver le poste de secours, la guerre est finie pour l'écrivain. Il relatera les circonstances de sa blessure dans son essai, *La main coupée,* en transposant les combats en Artois. Partout, bataillons et régiments s'entassent dangereusement, la tranchée des Tantes finit par être dépassée mais les unités en pointe sont accueillies par des feux concentriques. Tout un régiment disparaît dans les combats.

Au lever du jour, le 29 septembre, on prend la mesure des combats de la nuit ; la percée ne se fera pas. Encore une fois, la confusion des ordres et des unités, les combats dans la nuit et sous la pluie ont conduit à l'échec. Une tentative dans l'après-midi se termine sous un déluge allemand d'obus à gaz et de projectiles lourds. On attaque encore le lendemain, et même, vers minuit, a lieu le dernier sursaut d'unités épuisées et décimées. Castelnau décide enfin de suspendre les attaques.

Une dernière tentative de percée a lieu le 6 octobre. La seule 4e armée comprend quatre corps d'armée, dont – toujours – le 2e corps colonial. Malgré quelques succès, c'est encore un échec. Le 6e corps échoue à nouveau dans le secteur de la ferme de Navarin. Seule la tranchée des Vandales est enlevée, mais, faute de soutien, évacuée peu après.

Ainsi, le front de Champagne ne s'est pas effondré. Sous la puissance du choc, von Einem a pourtant envisagé de procéder à un recul limité le premier jour de l'offensive. Mais finalement, les défenses allemandes se sont révélées une fois de plus redoutablement solides. Trente mille Français sont tombés en quelques jours.

L'ère des grandes offensives de Champagne s'arrête provisoirement ce 6 octobre 1915. Totalement détruite par l'artillerie des deux camps, la ferme de Navarin a disparu et ne reste plus qu'un nom sur la carte et dans les communiqués. 1916, année de Verdun puis de la Somme, connaît encore des combats très durs en Champagne, mais d'une ampleur bien moindre qu'en 1915. L'offensive du Chemin des Dames d'avril 1917 n'intéresse que la région nord de Reims. Il faut attendre juillet 1918 pour que l'orage des combats se manifeste à nouveau, avec les grandes offensives successives des armées de Hindenburg et de Ludendorff. Le 26 septembre suivant, ce sont celles lancées par le maréchal Foch qui permettent à la 4e armée, que commande le général Gouraud depuis 1916, de reprendre l'initiative. Il revient à la 22e division d'infanterie d'enlever ce jour-là ce que l'on appelle toujours la ferme de Navarin.

LE MONUMENT DU SOUVENIR

La paix est revenue, mais tant de sang versé sur ce sol champenois interdit d'oublier que des hommes de plusieurs nationalités ont combattu et sont morts – en si grand nombre – à quelques dizaines de kilomètres de la grande ville de Reims. D'ailleurs, les sites commémoratifs ne manquent pas: vingt-six nécropoles et ossuaires abritant les restes de 130 000 soldats jalonnent l'ancienne ligne de front. Aux cimetières du Bois du Puits (près d'Aubérive), de Suippes, de Massiges, de Laval-sur-Tourbe... reposent des soldats français, américains, russes et allemands. Les édifices majeurs sont la chapelle russe de Saint-Hilaire-le-Grand, le monument américain du Blanc-Mont et, le plus important d'entre eux, le monument-ossuaire de Navarin. Alors que les cimetières de Suippes, Souain et Navarin comptent plus de 15 000 tombes et que les ossuaires conservent les restes de 30 000 corps, le monument à lui seul en abrite 10 000.

C'est en souvenir de ces grandes batailles, et du sacrifice des soldats alliés, que le général Henri Gouraud, gouverneur militaire de Paris, fait ériger le mémorial de Navarin. Construit sur le lieu sans doute le plus disputé de cette partie du front de Champagne, il a pris naturellement le nom de la ferme disparue. Sous la présidence d'honneur du général Gouraud, et celle effective du général Hély d'Oissel, un Comité pour la construction du monument est créé en 1928 et lance une souscription, notamment auprès des familles éprouvées par la perte d'un des leurs en Champagne. La première pierre est posée le 4 novembre 1923 en présence de l'ambassadeur des États-Unis. La générosité des dons permet d'achever la construction l'année suivante.

Elle est inaugurée le 28 septembre 1924 par le général Gouraud en présence du maréchal Joffre. Concrétisation de la participation des nombreux alliés à la victoire, sont présents notamment les chargés d'affaires des États-Unis et de la Tchécoslovaquie.

À la fois monument et ossuaire, l'ouvrage de Navarin est surmonté d'un impressionnant groupe de trois soldats partant au combat, deux Français et un Américain, réalisé par le sculpteur basque Maxime Réal del Sarte. L'Américain, à gauche, est représenté sous les traits de Quentin Roosevelt, neveu de l'ancien président des États-Unis, mort pour la France. Armé d'un fusil-mitrailleur Lewis et muni d'un casier à munitions, il porte le casque des Sammies de l'époque. Le personnage du centre, coiffé du casque Adrian, a reçu les traits du général Gouraud s'apprêtant à lancer une grenade. Celui de droite, simple soldat français armé du fusil Lebel, la baïonnette au canon, a le visage du frère de l'artiste, tué au combat au moulin de Laffaux, sur le Chemin des Dames.

On lit sur la base du monument les numéros des nombreuses, très nom-

POSTE D'OBSERVATION DU FORT DE LA POMPELLE.

breuses divisions qui ont combattu en Champagne, soit presque toute l'armée française de la Grande Guerre : quatre-vingt-treize divisions d'infanterie et huit de cavalerie, la réserve générale d'artillerie et la division aérienne. Mais on peut relever aussi les numéros de deux divisions américaines, de deux brigades russes, d'une brigade tchèque et du 1er régiment polonais.

À l'intérieur, une chapelle accueille le visiteur. Une rosace rappelant la croix de guerre surmonte l'autel, des plaques votives recouvrent les murs. Deux escaliers latéraux conduisent ensuite à une salle dans laquelle reposent, répartis entre plusieurs caveaux, les ossements de poilus dont on ne connaît souvent que le régiment d'appartenance. Une carte gravée dans la pierre décrit l'offensive de Champagne du 25 septembre 1915 et donne la composition des deux armées qui la menèrent. En partie centrale, dans une crypte, on remarque les tombes des généraux Gouraud et Prételat, derniers morts à reposer dans ce haut lieu de mémoire.

Décédé en 1946, le général Henri Gouraud avait souhaité être inhumé au milieu de ses soldats. C'est le général Prételat, son chef d'état-major en 1918, qui le conduit à sa dernière demeure en 1947. Depuis, un pèlerinage se déroule sur ces lieux, que le général Prételat conduira chaque année jusqu'à sa mort en 1969. Cela explique sa présence aux côtés du général Gouraud.

Plus discrètement, mais d'une façon tout aussi significative, les abords mêmes du mémorial ont été conservés en l'état, pour autant que les pluies et le ravinement naturel l'aient permis. Il s'agit de la tranchée de Lübeck, où l'on peut voir cette croix métallique isolée qui signale la présence des restes du soldat Cassat, tué à l'ennemi le deuxième jour de l'offensive de septembre 1915. Au-delà, vers Sommepy-Tahure, sur la gauche, il existe toujours à contre-pente un blockhaus allemand. Ainsi, voilà les seuls vestiges de la ligne de front, alors que, tout autour, les cultures ont repris leur place dans un terrain parfaitement nivelé. En revanche, de l'autre côté de la route, la forêt a recouvert le camp de Suippes dans lequel de nombreuses traces de la Grande Guerre demeurent encore, dont des cratères de mines et les vestiges de villages.

Il ne faut pas oublier en effet les cinq villages détruits et non reconstruits. C'est notamment le cas de Perthes-les-Hurlus et de Tahure, à la suite de la création du camp de Suippes, après la Grande Guerre. La communauté de Perthes-les-Hurlus s'est jointe à celle de Souain, et Tahure s'est unie à Sommepy; ces deux regroupements encadrent du sud au nord le monument de Navarin. Il en est de même au sud-est du camp avec Minaucourt accueillant la communauté du Mesnil-les-Hurlus, et Wargemoulin celle des Hurlus. Le monument-ossuaire de Navarin est toujours, chaque année, le lieu d'un pèlerinage en juin ou en septembre.

Alors que le soir tombe sur la plaine de Champagne, le soleil couchant étire sur le sol les ombres des trois combattants qui semblent sans cesse monter à l'assaut de ce qui fut la ferme de Navarin.

HENRI ORTHOLAN

OMBRES GLORIEUSES.
LE MONUMENT DE NAVARIN,
ŒUVRE DE RÉAL DEL SARTE.

SUR LA CRÊTE DES ÉPARGES.
LA TRISTESSE DES VAINQUEURS
ÉGALE CELLE DES VAINCUS.

LA PLAINE DE LA WOËVRE.

Les Éparges, Vauquois, 1915

Après la bataille de la Marne et leur repli, les Allemands réussissent dès la fin de septembre 1914 à reprendre pied au sud-est de Verdun, sur les Hauts de Meuse. Ils se rendent maîtres d'un secteur qui s'avance jusqu'à Saint-Mihiel et forme une poche redoutable dans le front français. Tout au long de l'année 1915, le général Joffre va faire exécuter une série d'attaques très coûteuses pour déloger l'ennemi de ce saillant obsédant dont les Éparges constituent le bastion nord.

Entre Meuse et plaine de Woëvre, l'ensemble du petit massif des Côtes de Meuse est recouvert par la forêt. Au nord, celle d'Amblonville est traversée en son milieu sur une dizaine de kilomètres par une route de crête rectiligne: la tranchée de Calonne. Le nom fait immédiatement penser à la Grande Guerre et aux combats qui y firent rage; pourtant, il remonte au XVIIIe siècle, à l'époque où un ministre des Finances de Louis XVI, Monsieur de Calonne, fit tracer cette voie pour accéder à son château situé au pied des Hauts de Meuse. En 1914, la ligne de front coupait transversalement cette longue route droite à proximité de Saint-Rémy – le bourg dans le cimetière duquel a été inhumée la dépouille, retrouvée en 1991, du lieutenant Alain-Fournier; il avait été porté disparu le 22 septembre 1914, lors d'une mission de reconnaissance dans la forêt de Saint-Rémy, où les combats du début de la guerre furent acharnés.

À partir de Saint-Rémy, on descend la petite vallée du Longeau, une rivière bordée de saules et d'ajoncs qui court au milieu de prés humides et plats et traverse le village des Éparges, situé au pied de la colline du même nom, dont l'échine s'allonge dans le gris bleuté de l'horizon. Le nom de cette butte reviendra avec une régularité tragique dans les communiqués du début de l'année 1915 et deviendra l'un des symboles de l'épopée douloureuse de cette guerre et du sacrifice qui fut demandé aux hommes. Car la conquête de cet éperon rocheux haut de 350 mètres et long de 1 400 mètres fut terriblement meurtrière, mettant hors de combat près de 50 000 soldats en moins de trois mois sur un kilomètre carré. Les combats qui s'y déroulèrent atteignirent un degré d'horreur extrême du fait notamment des caractéristiques du terrain: cette colline, qui de loin semble une ondulation parmi les autres, forme un promontoire aux flancs escarpés, couverts d'une argile lourde rendue glissante par l'eau des sources et des pluies.

Pour les poilus, être envoyé aux Éparges signifiera vite partir pour la « Montagne de boue ».

À L'ASSAUT

Dès les premiers mois de la guerre, la « crête des Éparges » paraît aux deux camps un enjeu primordial. Cette hauteur, située à 20 kilomètres de Verdun, domine à l'est toute la plaine de Woëvre et constitue un poste d'observation d'importance d'où la vue s'étend jusqu'aux Côtes de Moselle. « Qui tient les Éparges tient sous son feu toutes les routes », et les Allemands, qui s'en sont emparés le 21 septembre 1914, sont prêts à tous les sacrifices pour s'y maintenir. De plus, la position de cette colline allongée permet à celui qui occupe le sommet d'avoir une meilleure maîtrise de l'artillerie sur l'ensemble des Hauts de Meuse et, pour les Français, elle est l'un des points d'ancrage principaux de la ligne de défense qui protège le flanc est de Verdun. Ils n'auront de cesse de la reconquérir.

Les Allemands en ont fait une véritable redoute. Ils ont établi plusieurs lignes de tranchées sur ses flancs entre le sommet et la vallée, et superposé cinq étages de feux. De plus, les pentes que devront gravir les fantassins sont particulièrement abruptes, couvertes d'arbres déjà brisés et enchevêtrés par plusieurs mois de bombardement, sur une terre qui avec la pluie est devenue une boue gluante et tenace. Elle sera le cauchemar des soldats.

Les Français sont à 600 mètres des tranchées allemandes, sur la colline de Montgirmont au nord, et dans la vallée, où ils occupent les villages en ruines. Maurice Genevoix, jeune sous-lieutenant tout juste sorti de l'École normale supérieure, est depuis septembre dans les Hauts de Meuse, et il va participer avec sa compagnie à l'assaut des Éparges. Il a connu avec ses hommes le découragement des premiers mois de la guerre de

CHEMIN DE CROIX AUX ÉPARGES.

tranchées. Sous un ciel de cendre, dans le silence de la campagne seulement rompu par les tirs de l'ennemi, ils se sentent absents de la vie qui continue pourtant, pas si loin, de l'autre côté de cette colline qui leur barre l'horizon et au-delà de laquelle s'étend la plaine de Woëvre, ses routes et ses fermes où sont les charrues et les chiens, et la fumée aux cheminées des villages.

Avec l'automne est arrivée la pluie, fine et pénétrante, incessante, de plus en plus froide avec les mois qui passent, transformant le sol en glaise poisseuse qui enserre les chevilles à chaque pas dans les boyaux, qui fait des hommes des pantins raidis les nuits de veille, et qui désormais accompagne les ténèbres de leur vie. Durant de longues semaines, ils essuient le feu ennemi déchiquetant la forêt, tuant à l'improviste les poilus qui pourtant se camouflent, et qui vient de là-haut, de la croupe balafrée de tranchées des Éparges et de la bosse chauve qui domine sa crête. Parfois l'un se demande s'il ne vaudrait pas mieux « monter pour les déloger ». Mais l'entreprise paraît folle. « Essaye un peu de grimper là-haut! Tu te casseras la gueule avant leurs fils de fer. » C'est pourtant ce qui va leur être demandé.

À partir de janvier 1915, les soldats comprennent qu'une offensive se prépare. De la vallée, des hommes du génie s'infiltrent dans les bois qui couvrent les flancs, en glissant à chaque pas, « en rampant, les coudes dans la boue, les genoux dans la boue ». Ils creusent des sapes pour aller placer les fourneaux de mines qu'on fera exploser sous les tranchées ennemies. « Mais une fois qu'ils auront sauté? Où serons-nous, nous autres? » C'est l'attente angoissée face au piton redoutable « avec ses balafres tortueuses, ses tranchées minces, ses places d'armes parallèles, tout ce lacis confus ».

L'attaque est fixée au 17 février. L'objectif de l'état-major est de conquérir dans un premier temps le bout ouest de l'éperon, et de reprendre à partir de là, dans un deuxième élan, les opérations vers le sommet. Le régiment de Genevoix, le 106e de Châlons, fait partie de ceux qui donneront l'assaut. « Les mines sauteront à deux heures; il y aura bombardement d'une heure, allongement du tir pendant dix minutes; nous sortirons des parallèles à trois heures juste. »

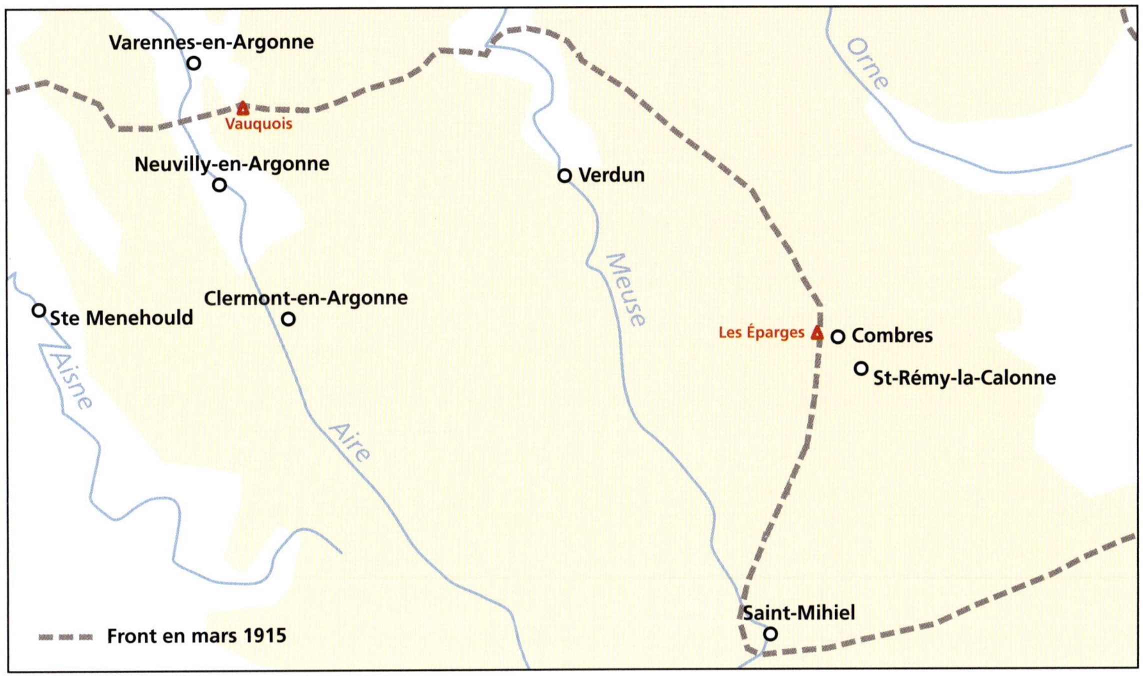

Les hommes restent entassés dans les boyaux tandis que les sapeurs rampent jusque dans le ventre de la colline pour mettre le feu aux mèches. Genevoix regarde ses hommes : du bataillon de septembre, il ne reste que quinze survivants. À 14 heures exactement, quatre fourneaux de mines explosent en même temps, ébranlant toute la butte d'une formidable secousse. « Les fumées monstrueuses et blanches, tachées de voltigeantes choses noires, se gonflent au bord du plateau [...]. Elles développent des volutes énormes, qui sortent les unes des autres, encore, encore, jusqu'à former ces quatre monstres de fumée, immobiles et criblés de sombres projectiles. » Puis c'est le tonnerre des mines et le fracas dément des canons, qui tirent de Calonne, de Montgirmont, de Bois-Haut. « Le ciel craque, se lézarde, croule. Le sol martelé pantelle. Nous ne voyons plus rien, qu'une poudre rousse qui flambe ou qui

DANS UN BOYAU VERS LE POINT X.

LA VISION ACCABLANTE DE LA MORT.

saigne. » Un 75 qui tire trop court fauche au passage des soldats français...

À 15 heures, l'infanterie sort des tranchées, les hommes courent vers les énormes entonnoirs qui trouent la crête pour les occuper, parmi les madriers enchevêtrés et les chevaux de frise brisés. Le soir, les Français se sont rendus maîtres de 300 à 400 mètres de tranchées, ont fait une trentaine de prisonniers. Parmi eux, Genevoix en regarde un qui reste en arrière, « un gamin en larmes, le front meurtri d'une bosse énorme à laquelle il porte la main sans cesse, d'un geste inconscient », un adolescent de 17 ans, engagé volontaire. Le capitaine, avant de l'envoyer rejoindre les autres prisonniers, casse une barre de chocolat pour la donner à cet enfant chargé de se comporter en héros.

Dès le lendemain, c'est la réplique allemande et, à partir de 6 heures du matin, c'est au tour des Français d'essuyer les bombardements. Ils se collent à la terre dans l'entonnoir où ils s'entassent, mais les obus touchent des hommes dans des « vomissements de pierres et de flammes », frappent avec de plus en plus de précision. Les blessés ont du mal à être évacués, à dos d'homme sur les pentes raides et glissantes. Les poilus guettent la réplique de l'artillerie française qui devrait les protéger. En vain. Dans l'horreur qui les environne, les hommes qui se sentent abandonnés perdent la notion du temps, se plaignent seulement d'avoir soif. Maurice Genevoix apprendra ensuite qu'on a ménagé les munitions tant que les positions conquises n'étaient pas menacées. Il mesure le décalage entre l'état-major qui ne peut imaginer les conditions réelles des combats, et les hommes qui doivent tenir « coûte que coûte », mêlés à la boue, aux cadavres et aux blessés qui s'enlisent dans les trous d'obus, méconnaissables sous leur carcan de glaise, et qui subissent, avec une « résignation hautaine ». Ils reçoivent l'ordre de repartir à l'attaque le 20, puis le 21, et réussissent finalement à se maintenir à la lisière ouest du plateau. Durant ces cinq jours, chacun des deux camps a perdu plus de 1 500 hommes. La ligne de front s'agrippe alors aux pentes du ravin

AUX ÉPARGES.
LES VIVANTS DÉFILENT DEVANT LES MORTS.

d'Hadirmel, surnommé « ravin de la Mort ».

L'insuffisance de l'artillerie mise en œuvre pour soutenir l'effort des hommes est évidente pour nombre d'officiers. Le général Herr, qui a organisé l'attaque de février, demande que désormais des moyens puissants soient employés dès le début des opérations « si on veut maintenir sa supériorité morale et protéger efficacement son infanterie ».

LE POINT X À TOUT PRIX

Le 15 mars, ordre est donné aux troupes de s'emparer de la totalité du plateau. Entre-temps, les Allemands ont perfectionné leur système de défense, renforcé les abris, creusé de nouvelles tranchées reliées par des tunnels. Le 18 mars, après une importante préparation d'artillerie, les troupes françaises donnent l'assaut et parviennent à enlever la première ligne ennemie. Mais comme en février, la contre-attaque est immédiate, et malgré de nouveaux efforts pour atteindre le « point X » qui domine la plaine de Woëvre, les poilus sont bloqués par les mitrailleuses et les canons allemands sur la pente est du promontoire, où ils reçoivent l'ordre, le 21 mars, de « s'organiser sur place ». Ils ont progressé de 100 mètres à droite, 350 mètres à gauche, en perdant 1700 hommes, dont 35 officiers. On s'aperçoit alors qu'ils sont exposés au tir d'obus de gros calibre d'une pièce d'artillerie lourde mise en place dans la plaine de Woëvre. Le général Herr demande des délais avant de reprendre l'attaque, mais le général Dubail en fixe la date au 27. À nouveau, après plusieurs heures de bombardement, à 16 heures, l'assaut est ordonné. Les Français parviennent à prendre 60 mètres de tranchée, qui seront repris dans la nuit même…

Le 31 mars, l'état-major décide une attaque générale pour chasser définitivement l'ennemi de l'ensemble des Hauts de Meuse. Sur les Éparges, qui pour le commandement en chef représentent un point majeur du saillant de Saint-Mihiel, les opérations vont durer tout le mois d'avril. Elles commencent le 5, le lundi de Pâques, sous une pluie battante qui fait qu'à certains endroits, les fantassins s'enfoncent à mi-jambe dans la boue visqueuse du sol détrempé. Malgré tout, les hommes, dans la soirée, tiennent l'essentiel de la ligne de crête. Mais dans la nuit les Allemands contre-attaquent et, au petit jour, c'est le déferlement, sur les malheureux Français tapis dans leurs positions de fortune, de nouvelles troupes ennemies en colonnes serrées. On se bat au corps à corps, ce qui empêche l'artillerie d'intervenir. La journée du 6 avril est dramatique, les combats d'une violence inouïe provoquent dans les deux camps de lourdes pertes.

Le 7 à l'aube, nouvel ordre d'attaque! Les hommes englués dans la boue

LES CRATÈRES DE LA CRÊTE DES ÉPARGES.

souffrent le martyre, mais ne renoncent pas. Ils se rapprochent du piton et reprennent l'assaut à l'aube du 8 sous une pluie d'engins explosifs. Des renforts arrivent dans la nuit pour soutenir les rescapés et remonter vers cette ligne de crête qu'ils ont de la peine à discerner à travers le feu des mitrailleuses et les bourrasques de neige. Dans ce charnier fangeux où certains s'enfoncent et disparaissent, pas un homme cependant ne recule.

Le caporal Cussonac, qui a consigné par écrit les conditions terribles de ces opérations, rend hommage aux soldats, à « ce duel dans la nuit, sous l'averse, les Allemands à coup de grenades, les Français à coup de cailloux. Puis, ce cri de "Vive la France" et cette *Marseillaise* qui dans la nuit, sous l'averse, jaillissent du cœur des survivants. » Il déplore l'impéritie de l'état-major qui ne s'attarde pas à fortifier les tranchées de peur que les soldats ne s'y installent. « Ils ont, dans le courage humain, dans la volonté humaine, une confiance qui les honore, car ils ont déployé eux-mêmes ces vertus, au cours de guerres ou d'expéditions coloniales, mais le courage d'une poitrine nue ne peut rien contre un réseau de barbelé, la volonté d'une poitrine nue ne peut rien contre un blockhaus intact; voilà ce qu'ils n'ont pas compris avec leur cerveau parce qu'ils n'ont pas été à même de le comprendre avec leur chair. » Les Français, en cinq jours, ont perdu 4 000 hommes et 78 officiers.

L'AUTEL DU POINT X.

Après le 10 se produit une accalmie, jusqu'à l'attaque allemande du 23 avril, qui en fait n'est qu'une diversion pour l'opération qu'ils vont lancer le lendemain sur la tranchée de Calonne. Et à partir de la fin d'avril, les deux camps vont désormais garder leurs positions respectives sur les Éparges, dont le sol est devenu méconnaissable et le terrain impénétrable après ces trois mois d'affrontement. Bombardements et coups de main feront leur lot de tués et de blessés, mais, en surface, on renonce aux opérations d'envergure. La guerre se poursuivra en sous-sol, une guerre de mines en direction du point X, dominant la crête, qui se prolongera jusqu'en juillet 1916 et qui laissera des cicatrices indélébiles dans le paysage meurtri.

Maurice Genevoix, qui fut grièvement blessé à la tranchée de Calonne, se fit un devoir de raconter ses combats et de témoigner pour tous ceux qui n'avaient plus la parole, pour que le souvenir de leur terrible sacrifice ne disparaisse pas à jamais. « As-tu déjà songé aux autres morts », fait-il dire à l'un de ses compagnons, « ceux que nous n'avons pas connus, tous les morts de tous les régiments?... Conçois-tu cela? Cette multitude? On n'ose même pas imaginer... Mais j'entrevois un malheur plus grand que ces massacres... Peut-être ces malheureux seront-ils très vite oubliés... Puisque la guerre, décidément, s'accroche au monde comme un chancre, qui sait si ne viendra pas un temps où le monde aura pris l'habitude de vivre avec cette saleté sur lui... Et ce serait le train normal des choses que les hommes jeunes fussent condamnés à mort. »

LA TRANCHÉE DE CALONNE.

LA BUTTE DE VAUQUOIS

Entre Champagne et Lorraine s'étend la magnifique forêt d'Argonne : des futaies de chênes, de hêtres et de frênes au pied desquels coudriers et autres arbustes s'entrelacent en fourrés serrés. Le massif forestier est parcouru du nord au sud par la route de crête de la Haute-Chevauchée dont le nom évoque les grandes chasses à courre de jadis. Il est découpé transversalement par de petits ravins aux flancs abrupts et couverts de taillis qui sont la hantise des chasseurs traquant le chevreuil ou le sanglier. Un peu partout, l'eau coule en frais ruisseaux ou fontaines. Les villages et les lieux-dits ont des noms bucoliques et charmants qui résonnent comme un écho des siècles passés : Bagatelle, les Courtes-Chausses, Fontaine-aux-Charmes, Fontaine-Madame... Pourtant aujourd'hui, dans cette forêt, les arbres centenaires sont rares. C'est qu'elle fut ravagée durant la Grande Guerre par la violence des combats ; en outre, des coupes y furent faites pour se procurer le bois de soutènement nécessaire aux abris et aux tranchées.

En 1914, la ligne de feu coupe en son milieu ce massif proche de Verdun, suivant un tracé irrégulier du fait du relief mouvementé, en traversant le bois Bolante et le bois de la Gruerie. Dans ce terrain sans visibilité où l'artillerie a des difficultés pour se repérer, les combats prennent une tournure particulière. Les hommes, parfois à 50 mètres les uns des autres, se battent à la grenade, au fusil, voire à la pioche ou au couteau, bientôt aux gaz et aux lance-flammes. À défaut de pouvoir gagner du terrain en surface, les Allemands entreprennent de faire la guerre sous terre. Ils font venir le général von Mudra, un sapeur spécialiste de la guerre de mines, avec son corps d'armée d'élite de Metz. Le sous-sol est perforé par l'un et l'autre camp d'un réseau de galeries qui aboutissent à des fourneaux placés sous les lignes ennemies, qu'il s'agit alors de faire exploser avant l'adversaire. Une course de vitesse terrible pour les nerfs, où chacun est à l'affût du moindre bruit souterrain pour repérer où en est arrivé l'ennemi, dans l'angoisse de savoir qui sautera le premier.

Jouxtant à l'est le massif de l'Argonne, le site de Vauquois est une illustration exemplaire de la guerre des

VESTIGES DE LA GUERRE DES MINES À VAUQUOIS.

LE POILU DE VAUQUOIS.

mines poussée à son paroxysme. Il y eut là jadis une butte au sommet de laquelle était perché un village ; il n'en reste aujourd'hui qu'une colline arasée boursouflée d'immenses béances à ciel ouvert, où ont poussé les herbes folles. Ici ou là, un panneau signale l'emplacement de ce qui fut l'église ou la mairie…

Cette colline, occupée dès septembre 1914 par les Allemands alors qu'ils cherchaient à encercler Verdun, masquait leurs opérations au nord de Varennes et couvrait leur ravitaillement du front d'Argonne ; de plus, elle représentait un excellent observatoire sur la région, notamment sur la ligne de chemin de fer reliant Châlons à la citadelle. Très vite, ils la transformèrent en forteresse. Les caves du village furent reliées par des souterrains creusés dans le roc, les rues excavées de manière à transformer les anciens soupiraux en meurtrières, les murs des jardins crénelés ; des tranchées s'étagèrent sur les pentes.

Les Français donnent un premier assaut le 28 octobre 1914, sans préparation d'artillerie. Autant dire qu'il est voué à devenir une tuerie inutile. Les hommes qui tentent de gravir les pentes sont fauchés par les mitrailleuses qui les visent à leur aise : en trente minutes, ils sont presque tous hors de combat. Un nouvel assaut est donné le lendemain. Comme la veille, les soldats qui s'élancent à la baïonnette sont cloués sur place par les fusils et les mitrailleuses audessus d'eux. Les blessés ne peuvent même pas être évacués. Les semaines passent et les poilus, dans leurs tranchées précaires installées dans les vergers au pied de la colline, lèvent chaque jour les yeux vers le sommet inaccessible, dont la reconquête prend une dimension nationale.

En février 1915, une nouvelle attaque est décidée. Cette fois, l'artillerie l'accompagne. Les hommes s'élancent sous les balles allemandes et grimpent pour atteindre le village. Presque tous sont tués le premier jour. D'autres sont envoyés le lendemain, escaladent les pentes avec des cartouches et des vivres pour deux jours, des bidons pleins, des pelles et des pioches, au son de *la Marseillaise.* Quelques-uns atteignent le haut de la colline, et, à des kilomètres à la ronde, on peut voir un instant la silhouette d'un soldat brandissant le drapeau français avant de s'effondrer. Les canons français tirent du bas des pentes, et les poilus voient les vestiges du village disparaître sous les obus « comme de la balle d'avoine prise dans un tourbillon de vent ».

Attaques et contre-attaques se succèdent dans les ruines, des corps à corps derrière les bouts de murs, les amas de pierres ou dans les caves éventrées du village désormais coupé en deux. Des actes d'héroïsme sublimes et ignorés. Les fusillades et les combats continuent dans les décombres, jusqu'au 4 mars, jour où les Français sont enfin maîtres de l'ensemble des ruines. Mais ils continuent à essuyer les contre-attaques, le mauvais temps et la boue. « Dimanche de Pâques, 4 avril », écrit dans son journal le lieutenant André Pézard. « Il pleut toujours. Les talus que nous avions surhaussés de sacs de terre hier soir se sont affaissés à la fin de la nuit ; les boyaux que nous avions recreusés aux points trop découverts, se sont comblés de boue liquide ; la terre délayée filtre entre les branches des gabions pourris qui s'éventrent et basculent ; les caisses Azibert ont écrasé les parapets ; sous leur poids, les meurtrières que nous avions pratiquées, en fouillant les remblais inconsistants, se sont écroulées dès l'aube. » Cette fois, c'est l'artillerie allemande qui tire sur le sommet : « Des obus glissent par intervalles au-dessus de nous avec un bruit soyeux. Ils se suivent patiemment, doucement, dans la pluie menue. Ils semblent perdus sous ce ciel monotone ; ils hésitent à tomber parmi toute cette boue… Baïonnette au canon, nous nous enlisons de plus en plus dans notre tranchée, sans rien voir. »

LA TOMBE D'ALAIN-FOURNIER À SAINT-RÉMY-LA-CALONNE.

Aux assauts succède la guerre de mines qui prend le relais de la bataille impuissante en surface. Cette technique utilisée depuis l'Antiquité dans les sièges va connaître un développement spectaculaire avec la guerre immobile des tranchées. Il s'agit de faire brèche dans les défenses de l'ennemi en creusant des sapes, des galeries tracées sous terre par le génie avec des procédés s'apparentant à ceux des mineurs, jusque sous les lignes de l'adversaire où l'on place dans un « fourneau » la charge d'explosifs qui les détruira et permettra aux fantassins de s'introduire dans le camp adverse. Les taupes humaines rampent dans des tunnels, qui parfois n'ont pas plus de 60 centimètres de diamètre, pour aller jusqu'à l'endroit où l'on réalisera le fourneau.

À Vauquois, l'ensemble de la colline est creusée d'une multitude de boyaux et rameaux souterrains qui cherchent à descendre chaque fois un peu plus bas sous les sapes de l'autre. La butte devient une véritable termitière, avec plus de 20 kilomètres de galeries s'enfonçant de plus en plus profondément. Les hommes avancent difficilement, jusqu'à 40 mètres de profondeur. Ils restent parfois plusieurs jours dans l'humidité et le froid glacé de la terre, en épiant l'adversaire au bruit pour repérer son trajet et sa progression fatale, avec des planches en bois posées au sol, parfois un stéthoscope. Le moment terrible est celui où l'on n'entend plus rien. C'est que l'adversaire a fini de creuser et va mettre le feu à la poudre, peut-être juste au-dessous…

La première mine, allemande, explosa le 3 mars : quatre tonnes ensevelissent la partie est du village. Le 25, les Français, avec 12 tonnes de dynamite, pulvérisèrent les restes de l'église. Plus de 500 explosions ébranlèrent la colline. Jusqu'à ce que le 14 mai 1916, les Allemands mettent le feu à une mine de 50 tonnes qui ouvre un cratère de 70 mètres de diamètre et 25 de

LE CIMETIÈRE DU TROTTOIR AU PIED DE LA CRÊTE DES ÉPARGES.

profondeur, en tuant 108 hommes. La surenchère continue jusqu'en 1917, année où 500 tonnes d'explosifs sont consommées. Il ne reste alors plus rien du village et la colline n'a plus de sommet.

Le 26 septembre 1918, dès le premier jour de l'avancée américaine, les abords de Vauquois furent dégagés et la butte dépassée par les troupes de la reconquête.

À partir de 1915, la guerre de mines s'étend sur l'ensemble du front, et se développe du côté britannique, dans la Somme, dans les Flandres, en Artois, lors des grandes offensives, pour préparer l'attaque des fantassins. Mais elle n'est jamais qu'une tentative supplémentaire pour échapper à la guerre statique dans laquelle sont englués les soldats. Chaque fois, le bilan est coûteux par rapport aux résultats obtenus. Pour spectaculaires qu'ils soient, les grands cratères ne représentent que de bien faibles brèches dans la longueur du front, difficiles à exploiter et vite refermées.

ANNE ROZE

UN DES FOSSÉS DU FORT DE VAUX.

SENTINELLE D'ACIER.

Verdun, 1916

« Derrière le secteur français du front occidental existent, à une portée accessible, des objectifs que le haut commandement français se sentira obligé de défendre jusqu'au dernier homme. S'il agit ainsi, les forces françaises seront épuisées par leurs pertes sanglantes, car il leur sera impossible d'éviter le combat, que nous atteignions ou non notre objectif. Les objectifs dont il est question ici sont Belfort ou Verdun. Toutefois, c'est Verdun qui mérite la préférence... » Présentant en ces termes la stratégie « d'usure » qu'il comptait mettre en œuvre en 1916 contre une armée française qui venait de consentir en Artois, en Champagne, en Argonne ou sur les hauteurs des Vosges de terribles sacrifices, le général Falkenhayn, commandant en chef des armées allemandes, décidait du déclenchement de la plus importante – par sa durée et son acharnement – des batailles de la Première Guerre mondiale. Pour épuiser et « saigner à blanc » l'armée française, il convient de renoncer aux espoirs de « rupture » du front dont les échecs subis par les Français en 1915 ont bien montré les limites. Malgré les succès incontestables remportés contre les forces russes, la nécessité de combattre sur deux fronts contraint l'armée impériale à être économe de ses effectifs et à limiter le secteur de l'attaque que ses chefs espèrent décisive. C'est donc une gigantesque bataille de matériel qui sera déclenchée sur le front installé de part et d'autre de la Meuse au nord de Verdun. La puissance de feu mise en œuvre fera « passer au hachoir » les forces françaises qui ont déjà soutenu en 1915, sur les flancs du saillant, les rudes combats des Éparges et de Vauquois. Écrasés sous un déluge de fer et de feu, les défenseurs du secteur de Verdun ne pourront contenir l'offensive ainsi conçue. La bataille doit leur infliger, dans un rapport de deux à cinq, des pertes très supérieures, ce qui entraînerait, au cas où le commandement français s'acharnerait à soutenir une vaine résistance, un épuisement rapide et insupportable de ses effectifs...

Le calcul paraissait d'un réalisme implacable mais l'usure voulue par Falkenhayn n'en risquait pas moins de se retourner contre ses propres forces si les Français décidaient d'engager tous les moyens nécessaires pour tenir Verdun, d'autant que la folle témérité des attaques d'Artois et de Champagne au cours des mois précédents avait montré que les lourdes pertes subies depuis l'été de 1914 n'avaient en rien entamé la combativité

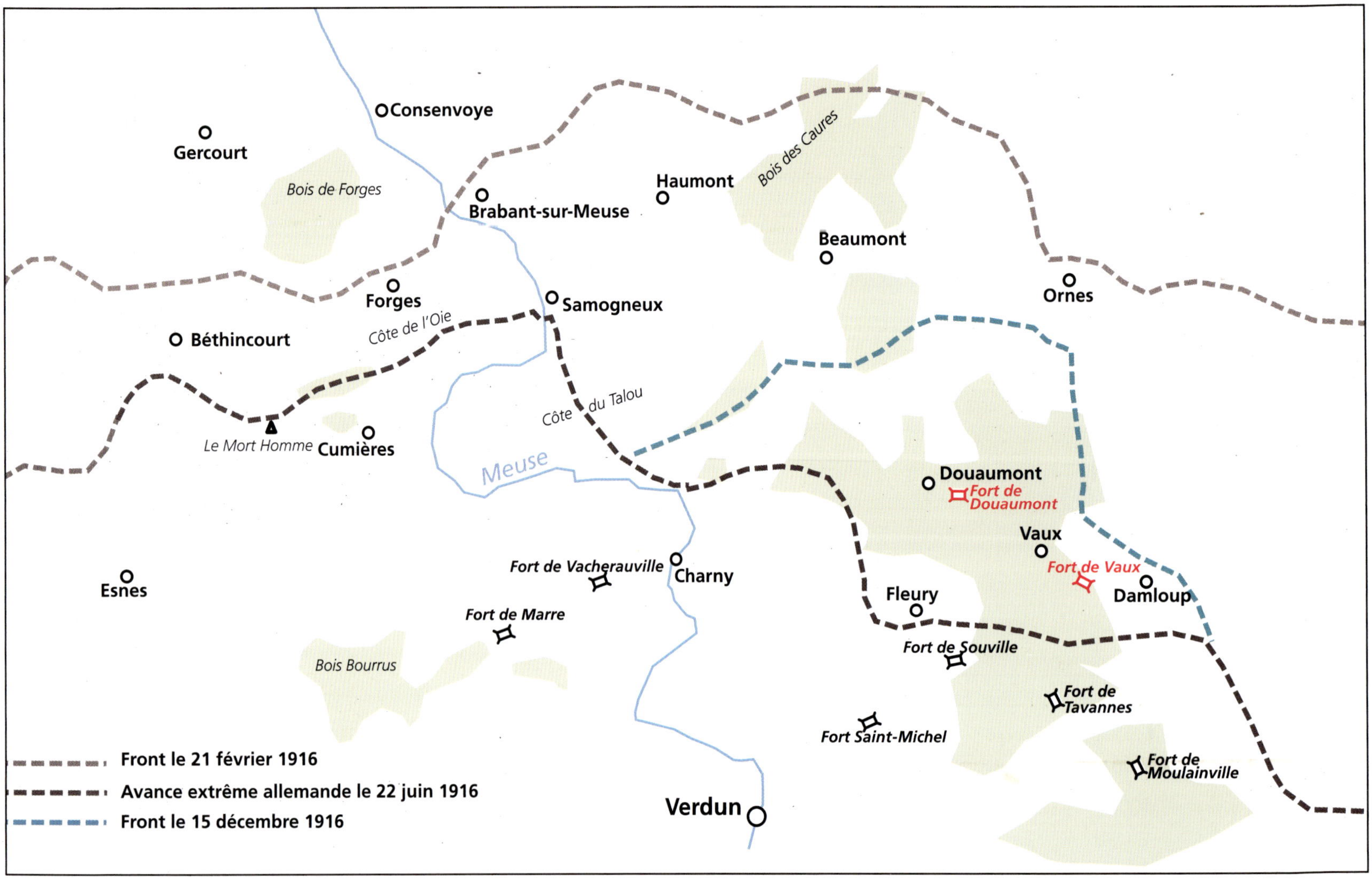

d'une troupe pourtant engagée bien inconsidérément dans de vaines tentatives de « percée ». Dans ces conditions, toute prolongation de la grande bataille déclenchée sur la Meuse impliquait que le commandement allemand consentît un effort considérable quant aux effectifs engagés, or Falkenhayn ne réservait pour Verdun que huit divisions d'assaut, c'est-à-dire des moyens insuffisants si « l'usure » de l'ennemi prenait plus de temps que prévu. L'engagement de trois corps d'armée appuyés par des feux d'artillerie d'une densité encore jamais atteinte (1 240 pièces sur 11 kilomètres de front) devait permettre de disloquer les forces adverses dans un secteur auquel le commandement français ne semblait porter qu'un intérêt secondaire. Le général Joffre, commandant en chef, avait ainsi répondu au général Gallieni, ministre de la Guerre, que « rien ne justifiait les craintes » exprimées par une commission d'enquête parlementaire venue constater sur place – à la demande du lieutenant-colonel Driant qui commandait deux bataillons de chasseurs sur le front de Verdun mais qui était aussi député – les insuffisances du système défensif.

LE 21 FÉVRIER À L'AUBE

Facilités par la densité des voies ferrées disponibles à l'arrière de la Ve armée, les préparatifs allemands occupèrent tout le mois de janvier 1916. Trains et camions amenèrent quotidiennement à pied d'œuvre les hommes et le matériel. Jour et nuit, les soldats transformés en terrassiers installaient des retranchements ou des emplacements d'artillerie, préparant ainsi méthodiquement le *Trommelfeuer* ou « roulement de feu continu » qui devait anéantir les défenseurs français. Depuis plusieurs semaines, les renseignements s'accumulaient, faisant tous état de mouvements de troupes en direction de Verdun. Ces informations étaient confirmées par les récits des déserteurs allemands et avaient conduit le général Herr, responsable de la région fortifiée et subordonné au général Dubail, commandant du groupe d'armées de l'Est, à réclamer des renforts jugés indispensables. Au moment où va débuter la gigantesque bataille, le nombre des divisions installées dans le secteur est sensiblement le même dans les deux camps mais, sur le front où les Allemands vont prendre l'initiative de l'offensive, ils disposent de six divisions alors que les Français n'en ont que deux, rapidement épaulées par une troisième, ce qui met le rapport des forces à deux contre un ; c'est dans le domaine de l'artillerie que la disproportion des forces apparaît la plus écrasante, dans la mesure où les Français n'alignent que 270 pièces face aux 1 240 déployées par les Allemands.

Pour les soldats du Kronprinz, tout est prêt pour le 12 février mais le mauvais temps, le froid et la neige obligent le commandement à différer jusqu'au 21 le déclenchement de l'offensive. À 7 h 15, tout le front s'embrase et le bombarde-

PAYSAGE LUNAIRE À VERDUN.

ment d'artillerie va s'amplifier tout au long de la journée. C'est un déluge d'obus qui s'abat sur les positions françaises de la rive droite de la Meuse, entre Ornes et Brabant, écrasant principalement les points prévus pour la rupture à venir. « À voir ce bombardement effrayant, rapporte le Kronprinz, nul n'aurait pu penser que les tranchées françaises fussent encore tenues par un seul homme vivant. » À 16h45, par petits groupes, l'infanterie allemande monte à l'assaut dans un décor de fin du monde. Rhénans, Hessois et Brandebourgeois abordent rapidement nos premières lignes où, contre toute attente, ils se heurtent à une vive résistance.

À Haumont, les débris de deux bataillons retardent pendant plusieurs heures la progression des Allemands. À Herbebois, où les Français s'accrochent, l'ennemi ne parvient pas à prendre pied. C'est vers le bois des Caures que les combats sont les plus furieux. C'est là que s'écrit, en ces journées terribles des 21 et 22 février, l'épopée des chasseurs de Driant. Composés de réservistes originaires du Nord, les 56ᵉ et 59ᵉ bataillons de chasseurs réalisent alors des prodiges de courage et de dévouement. À hauteur du bois de Ville, le 59ᵉ parvient à arrêter quatre régiments hessois et lance même, sans en avoir reçu l'ordre, une contre-attaque. C'est là que le lieutenant Robin, qui commande une compagnie, résiste dans les ruines d'un ouvrage avec une poignée d'hommes. On se bat au corps à corps ; le sergent Cosyns abat à lui seul sept Allemands à moins de 10 mètres, la lutte se poursuit à la grenade, à la baïonnette et à coups de crosse. Un seul chasseur interdit un boyau à une vingtaine d'Allemands avant de tomber. Légèrement blessé, Robin se dégage et entraîne les survivants sur une autre position où ils continuent le combat. Il faut quatre assauts de deux compagnies allemandes pour les obliger à céder du terrain à un moment où les unités ennemies s'infiltrant dans le bois, les défenseurs risquent de se trouver pris à revers. Au soir du 21, les positions françaises sont à peine entamées mais les Allemands n'ont encore lancé que de fortes reconnaissances avant l'assaut général du lendemain.

COMBAT À BOUT PORTANT.

Le bombardement reprend très tôt le matin et le village d'Haumont tombe en fin d'après-midi malgré la belle résistance du 362ᵉ régiment d'infanterie. Pour échapper à l'encerclement, les chasseurs du bois des Caures doivent se replier après trente-six heures de combat et perdent alors leur chef, frappé d'une balle à la tête. Quand les survivants parviennent au soir du 22 à se regrouper à Vacherauville, il ne reste du 56ᵉ que cinq officiers et une soixantaine de chasseurs, et du 59ᵉ trois officiers et cinquante chasseurs, un peu plus d'une centaine d'hommes sur les 1 300 que comptaient la veille ces deux unités. L'admirable héroïsme dont ces combattants surent faire preuve et leur résistance désespérée – analogue à celle opposée alors par de nombreuses autres unités engagées – résument d'emblée ce que sera l'immense affrontement de « trois cents jours et trois cents nuits ». Il apparaît tout de suite évident que le sol de la patrie sera défendu ici sans esprit de recul, dans une bataille défensive au cours de laquelle chacun devine que se joue sans doute le sort du conflit entamé à l'été de 1914. Les terribles sacrifices consentis au cours de ces journées permettront au commandement de gagner les délais nécessaires à l'acheminement des renforts, à la maîtrise de la gigantesque lutte qui allait faire de Verdun, pendant de longs mois, le centre de gravité de la guerre, le symbole de l'abnégation des combattants français.

Des épisodes comparables intervinrent, en ces heures décisives, en d'autres secteurs du front de Verdun. Partout, les unités du 30ᵉ corps du général Chrétien, sur qui repose à ce moment le sort de la bataille, s'accrochent au terrain mais le commandement, qui lance des ordres de contre-attaque totalement irréalistes, semble dépassé par les événements. Le 24 février, Samogneux est pris. La cote 344, une position très importante avant celles de la Côte du Talou et de la Côte du Poivre, est perdue et il en va de même du village d'Ornes et du bois d'Hassoule. Sur place, le commandement n'a qu'une vue très incomplète des actions en cours et le général de Langle de Cary, commandant du groupe d'armées du Centre, dont dépend la région fortifiée de Verdun

SINISTRE RAMURE.
AVOCOURT.

depuis le 1er février, commence à évaluer l'ampleur de la menace qui pèse sur tout le centre des armées françaises. Il songe même à replier sur la rive gauche de la Meuse la plupart des moyens disponibles mais, au soir du 24, le général Joffre, commandant en chef, ordonne de se maintenir coûte que coûte sur la rive droite.

PÉTAIN PREND LE COMMANDEMENT

C'est au cours de la nuit suivante que les décisions les plus importantes sont prises. Le général de Castelnau, qui doit se rendre sur place le lendemain, conseille à Joffre d'engager sur la rive droite de la Meuse la 2e armée du général Pétain jusque-là tenue en réserve. Celui-ci arrive au soir du 25 à Souilly, petit village situé au sud de Verdun où le général Herr avait transféré son Q.G., installé dans la petite mairie devant laquelle passeront, des mois durant, les unités montant au front et en descendant. Chargé du commandement de l'ensemble de la région fortifiée de Verdun, Pétain doit relever un terrible défi. Isolés dans leurs trous d'obus, regroupés au hasard de la nuit, écrasés de fatigue, les hommes des unités plongées dans la tourmente poursuivent le combat, souvent de manière dispersée et désordonnée, parce qu'ils sentent confusément qu'il est vital de « tenir » le plus longtemps possible, parce qu'ils savent que, cette fois encore, comme sur la Marne et sur l'Ourcq en septembre 1914, c'est l'existence même du pays qui est en jeu.

Le 25, les Allemands sont rejetés à la Côte du Talou mais parviennent à prendre Louvemont. C'est à ce moment que deux bataillons brandebourgeois s'emparent sans rencontrer de résistance du fort de Douaumont, découvert par le retrait des chasseurs qui tenaient le bois d'Hassoule. La position avait été désarmée quelques mois plus tôt, à l'époque où le général Dubail doutait de l'utilité des forts, devenus vulnérables aux obusiers lourds, et, dans la confusion qui avait marqué les débuts de la bataille, personne n'avait songé à la réoccuper. La poignée de territoriaux qui s'y trouvait n'eut donc d'autre choix que de rendre la place aux bataillons allemands infiltrés jusque-là. Bezonvaux est évacué le même jour et, peu de temps après, c'est le tour de la Côte du Poivre. Il semble à ce moment que la bataille n'est plus conduite et la menace de faire passer en conseil de guerre tout chef qui aurait donné à ses hommes l'ordre de se replier ne change rien à l'affaire…

L'intervention de Pétain inverse alors le cours des événements. Arrivé à Souilly au soir du 25, il s'assure d'abord que le 20e corps du général Balfourier peut être engagé sur l'heure. Il prend ensuite contact avec les généraux commandant les différents corps d'armée qui sont à ses ordres : Bazelaire, Guillaumat et Duchêne. Peu de temps après, le nouveau commandant de la région fortifiée de Verdun dicte son ordre n° 1 : « Enrayer à tout prix l'effort de l'ennemi sur le front de Verdun. Toute parcelle de terrain qui serait arrachée par l'ennemi donnera lieu à une contre-offensive immédiate. » On y

FORT DE VAUX, JUIN 1916.

voit plus clair le 26 et chacun des quatre corps d'armée engagés reçoit un secteur à défendre coûte que coûte.

Le problème des communications se pose très rapidement. Seule voie ferrée disponible, la petite ligne d'intérêt local du Meusien se révèle bien insuffisante pour alimenter la bataille en hommes, en ravitaillement et en munitions. Il faut aménager la route départementale assurant la jonction entre Bar-le-Duc et Verdun, celle à laquelle Maurice Barrès donnera bientôt le nom devenu célèbre de « Voie sacrée ». C'est le capitaine Doumenc, de la Direction des Services automobiles, qui prend en main l'organisation de ce qui va devenir l'artère indispensable pour soutenir le formidable effort qu'il faut produire au nord de Verdun.

Dès la fin de février, dix-huit bataillons de travailleurs, c'est à dire 8 200 hommes, sont employés à l'entretien de la route ou à l'exploitation des carrières ouvertes à proximité. Ils ne disposent alors que de 140 camions automobiles et de 400 tombereaux attelés, mais le parc de voitures dépassera bientôt le chiffre de 3 000. Entre Bar-le-Duc et Verdun, on compte jusqu'à vingt travailleurs au kilomètre, remuant jusqu'à 15 mètres cubes de terre par jour. En dix mois, 900 000 tonnes de pierres vont être utilisées pour que la voie demeure praticable. Une noria continue de camions va emprunter nuit et jour ce fin cordon ombilical qui relie Verdun à l'arrière. La circulation y est organisée de manière très rigoureuse, de telle sorte qu'aucun ralentissement ne puisse s'y produire. Aucun doublement, aucun stationnement n'est toléré. Tout véhicule en panne est poussé au fossé et y attend d'être dépanné. L'arrivée du dégel transformera la route en bourbier et il faudra toute l'abnégation des territoriaux pour la maintenir en état. Du 27 février au 6 mars, cette modeste voie entrera dans l'Histoire en permettant le transport de 25 000 tonnes de munitions et de matériel et de près de 200 000 hommes.

Si l'on excepte quelques succès tactiques exploités par la propagande allemande, l'offensive ennemie déclenchée le 21 février est de fait bloquée dans les jours qui suivent l'arrivée de Pétain, et la déception est palpable à Stenay, au quartier général de l'armée du Kronprinz où l'on décide pourtant de relancer la bataille, mais cette fois sur la rive gauche de la Meuse. Le 6 mars, la lutte reprend avec autant d'intensité que quinze jours plus tôt. Les Français savent qu'ils ne peuvent consentir un recul d'une ampleur comparable à celui concédé sur la rive droite. Leur artillerie a un besoin absolu du secteur Marre-Charny pour interdire, comme l'avait fait quelques jours auparavant le groupement Bazelaire, la progression ennemie sur la rive opposée du cours d'eau mais, localement, plusieurs positions sont enfoncées. Les Westphaliens débordent Régniéville ; le lendemain, le bois des Corbeaux et le bois de Cumières sont perdus mais l'engagement d'une nouvelle division, la 25ᵉ, permet de stabiliser la situation et de reprendre le 8 mars le bois des Corbeaux, reperdu le 10 malgré des combats acharnés au cours desquels, nous dit le sergent Jean Gallon, du 139ᵉ R.I., « la confusion était si grande, les deux lignes étaient tellement emmêlées que j'ai vu des Allemands se mettre en position à côté de nous et tirer sur les Allemands qui étaient devant nous en croyant tirer sur les Français ». Les premières lignes ont terriblement souffert mais Malancourt, Béthincourt et le Mort-Homme restent entre nos mains. Les 9 et 10 mars, c'est le fort de Vaux qui, sur la rive droite, est menacé après la chute des ouvrages d'Hardaumont, mais toutes les vagues d'assaut allemandes viennent se briser sur le feu des mitrailleuses.

Le 14 mars, les combats atteignent une intensité féroce sur la rive gauche. Au Mort-Homme, le colonel Garçon commande au feu une brigade et tombe au milieu de ses soldats. Trois commandants de régiment trouvent également la mort ce jour-là. L'affrontement a été d'une extrême violence mais les positions du Mort-Homme ne sont pas enfoncées. Le caporal brancardier Jean Vichy témoigne : « Le 14 mars est peut-être la journée où nous avons reçu le plus d'obus de toute la guerre. Sur notre petit front, les observateurs de l'arrière ont compté à peu près cent vingt coups par

APRÈS LA BATAILLE DE VERDUN.

ÉLÉMENT DE LA TOURELLE RENVERSÉE
DU FORT DE VAUX.

minute, ce qui fait cinquante mille obus en six heures. Sur douze mitrailleuses, il y en a onze hors de service. Les hommes sont fatigués mais non démoralisés. "Vivement qu'ils attaquent, disent-ils, au moins on ne sera plus bombardés." Enfin, la préparation d'artillerie étant jugée suffisante par l'ennemi, celui-ci s'élance à l'attaque. On le repousse à la baïonnette. Pas un pouce de terrain n'est perdu. » Plus à l'ouest, sur la ligne Avocourt-Malancourt, c'est la cote 304 qui est le principal objectif des assauts allemands. Les Bavarois qui attaquent là, appuyés par des lance-flammes, n'y rencontrent qu'une faible résistance et emportent le réduit d'Avocourt, repris le 29 mars à l'issue d'une puissante attaque conduite par le lieutenant-colonel de Malleray qui trouve la mort au cours de l'action.

« COURAGE, ON LES AURA »

La lutte se poursuit, toujours aussi meurtrière, durant les journées suivantes. Le 5 avril, le niveau des pertes est effrayant au 69e régiment d'infanterie qui défendait Haucourt. Tel un chaudron infernal, la bataille « consomme » toujours plus de combattants dans les deux camps. Alors que les troupes allemandes engagées ne sont pas régulièrement relevées, Pétain a compris qu'il était impossible de maintenir trop longtemps ses soldats en première ligne et une noria régulière fait monter vers le front des unités fraîches, appelées à croiser celles, terriblement éprouvées, qui en descendent (70 divisions, représentant les deux tiers de l'armée française et près d'un million et demi d'hommes, « passeront » ainsi à Verdun entre février et la mi-juillet).

Le commandant de la 2e armée a évoqué, dans un passage célèbre de son récit de la bataille, la dimension tragique de ce mouvement perpétuel : « Mon cœur se serrait en effet quand je voyais aller au feu de Verdun nos jeunes gens de vingt ans, songeant qu'avec la légèreté de leur âge, ils passeraient trop vite de l'enthousiasme du premier engagement à la lassitude provoquée par les souffrances, peut-être même au découragement devant l'énormité de la tâche à accomplir. Du perron de la mairie de Souilly, mon poste de commandement si bien placé au carrefour des chemins conduisant vers le front, je leur réservai ma plus affectueuse attention quand ils montaient en ligne avec leurs unités : cahotés dans les inconfortables camions ou fléchissant sous le poids de leur appareil de combat quand ils marchaient à pied, ils s'excitaient à paraître indifférents par des chants ou des galéjades et j'aimais le regard confiant qu'ils m'adressaient en guise de salut. Mais quel découragement quand ils revenaient, soit individuellement comme éclopés ou blessés, soit dans les rangs de leurs compagnies appauvries par les pertes. Leur regard insaisissable semblait figé par une vision d'épouvante ; leur démarche et leurs attitudes trahissaient l'accablement le plus complet ; ils fléchissaient sous le poids de souvenirs horrifiants ; ils répondaient à peine quand je les interrogeais, et, dans leurs sens troublés, la voix goguenarde des vieux poilus n'éveillait aucun écho... »

Le 9 avril, la bataille atteint son maximum de violence. La cote 304 est défendue héroïquement par la 11e division alors que le Mort-Homme n'est qu'en partie perdu grâce aux terribles sacrifices consentis par la 42e, mais ce ne sera qu'au mois d'août suivant que l'ensemble de la position sera de nouveau contrôlé par les Français. Nulle part cependant l'ennemi n'est parvenu, malgré les violents coups de boutoir qu'il a donnés, à briser la résistance qui lui a été opposée, et Pétain peut lancer son célèbre ordre du jour du 10 avril : « Le 9 avril est une journée glorieuse pour nos armées. Les assauts furieux des soldats du Kronprinz ont partout été brisés. Fantassins, artilleurs, sapeurs, aviateurs de la 2e armée ont rivalisé d'héroïsme. Honneur à tous. Les Allemands attaqueront sans doute encore, que chacun travaille et veille pour obtenir le même succès qu'hier. Courage, on les aura. » À l'inverse, le doute s'installe à Stenay où le Kronprinz considère désormais que la bataille coûte trop cher mais Knobelsdorf, son chef d'état-major, impose son point de vue et prépare au cours des jours suivants la sanglante « bataille des forts ». Dans le camp français, Pétain est « promu » au commandement du groupe d'armées du Centre et

RUINES D'ORNES.

c'est Nivelle qui prend celui de l'armée de Verdun.

Du 1er mai au 12 juillet, l'ennemi reprend l'offensive. Du 3 au 7 mai, les Poméraniens enlèvent le sommet de la cote 304 mais la poussée allemande est contenue. À Chattancourt, au bois des Caurières, à Cumières, la pression allemande est terrible et, le 30 mai au soir, la situation apparaît extrêmement périlleuse sur la rive gauche de la Meuse, mais Knobelsdorf veut réserver le gros de ses efforts à la rive droite, et stoppe l'élan de ses subordonnés. Encouragé à l'offensive par le G.Q.G. et le gouvernement, Nivelle lance, le 22, la 5e division de Mangin à l'attaque de Douaumont. L'élan des régiments français est extraordinaire mais ils viennent s'épuiser dans les combats acharnés qui se déroulent aux abords du fort et, le 24, la contre-attaque allemande réduit à néant les espoirs placés dans cette offensive prématurée. Encouragés par leur succès, les Allemands entament le 2 juin le siège du fort de Vaux. Soumis à un formidable bombardement, les 600 hommes du commandant Raynal vont y résister soixante heures durant – on se bat au corps à corps jusque dans les galeries – malgré la fumée, les gaz, la faim et, surtout, la soif. Trois contre-attaques lancées par Nivelle pour les délivrer sont brisées par le feu des mitrailleuses et de l'artillerie ennemies et, le 7 juin, les défenseurs sont contraints à la reddition, le Kronprinz leur accordant les honneurs militaires.

Dès le lendemain, les Bavarois attaquent de nouveau à Thiaumont et à la Côte de Fleury. C'est à ce moment, à hauteur de la ferme de Thiaumont, qu'il faut placer l'épisode controversé de la Tranchée des baïonnettes qui résuma, dans l'imagination de beaucoup, l'ampleur des sacrifices consentis à Verdun. C'est là que des éléments du 137e R.I., un régiment composé de Vendéens et de Poitevins de la région de Fontenay-le-Comte, furent victimes d'obus toxiques. Longtemps après, on retrouvera leurs fusils surgissant de terre, placés là sans doute par des Allemands qui, après avoir occupé la position et inhumé les corps, avaient ainsi tenu à signaler leur présence…

UNE CASEMATE PAMART DU FORT DE SOUVILLE.

« ILS N'ONT PAS PASSÉ. »
LE MONUMENT DU MORT-HOMME.

Le 23 juin, les généraux allemands, qui s'inquiètent de la proximité de l'offensive prévue par les Alliés sur la Somme, décident de lancer leurs dernières forces dans la bataille, avec comme objectif la prise des forts de Souville et de Tavannes. Fleury est en partie perdu, Thiaumont est perdu, puis repris, et perdu de nouveau au cours des journées suivantes avant d'être réoccupé le 1er juillet. Des régiments entiers sont engloutis dans la tourmente ou voient leurs effectifs réduits de moitié mais, pour l'essentiel, les Français parviennent à tenir, dans le déchaînement de fer et de feu qui ravage ces quelques kilomètres carrés où les noms du bois de la Caillette, du ravin de la Couleuvre, de Damloup ou du bois Fumin s'inscrivent pour toujours dans l'Histoire sanglante de Verdun.

Les 11 et 12 juillet, les Allemands, engagés dans un ultime effort, abordent les pentes du fort de Souville. Le 11 au matin, malgré les barrages d'artillerie et les gaz, les soixante-dix survivants d'une compagnie du 7e régiment d'infanterie parviennent au fort où la garnison de territoriaux est totalement hors de combat. La position est écrasée par les obus, mais le lieutenant Kléber Dupuy parvient à s'y maintenir. Quand l'infanterie allemande attaque l'ouvrage, on se bat à la grenade et au corps à corps. Découragés par le tir précis de deux mitrailleuses, les Allemands refluent et restent blottis dans les fossés. En fin de matinée, une contre-attaque française débloque les défenseurs… qui ne sont plus que quinze, ce qui reste d'une compagnie montée vers le fort quelques heures plus tôt. Souville marque le point extrême de l'avance allemande… huit kilomètres au sud d'Herbebois et du bois des Caures emportés lors du premier assaut de février.

Les combats se poursuivent jusqu'au 1er août mais, désormais, c'est vers la Somme que se tourne l'état-major allemand et les assauts lancés par les Bavarois et les Prussiens n'entraînent plus que des « boucheries » inutiles destinées « à faire croire à l'ennemi que l'offensive allemande n'est pas arrêtée ». Falkenhayn est bientôt relevé de son commandement et remplacé par Hindenburg, qui signe le

2 septembre l'ordre marquant, pour les Allemands, la fin de l'offensive : « L'attaque de Verdun sera arrêtée, les lignes atteintes seront organisées en positions de longue durée. » L'initiative appartient désormais à Nivelle et à Mangin qui entend prendre sa revanche du coup de poing raté des 22 au 22 mai contre Douaumont. Fin octobre, après une formidable préparation d'artillerie, les Français reprennent une grande partie des positions perdues au cours des mois précédents, notamment Douaumont le 24. Le 2 novembre, le fort de Vaux est évacué par l'ennemi ; le 15 décembre, Bezonvaux et le bois de Caurières sont repris et le Kronprinz doit alors reconnaître que « pour la première fois, il eut conscience de ce que c'était de perdre une bataille ».

La victoire était définitivement acquise à Verdun et avait été payée au prix fort : 163 000 Français tués ou disparus, 215 000 blessés – 143 000 Allemands morts ou disparus. Mais ce terrible bilan n'avait rien à voir avec la sinistre planification établie par un Falkenhayn convaincu que le rapport des pertes s'établirait à deux contre un en faveur de son camp.

L'ossuaire de Douaumont, inauguré en septembre 1927, est devenu un lieu de pèlerinage. Pierre Mac Orlan dira de lui : « Ce n'est ni une cathédrale, ni un musée macabre. C'est une émouvante pensée de pierre, une sorte de citadelle divine qui règne sur un peuple d'ombres aux silhouettes torturées… »

Dans un rayon de quelques kilomètres autour de l'immense nécropole, de misérables ruines témoignent encore de ce que furent les malheureux villages plongés au cœur des combats. Neuf ont ainsi entièrement disparu et sont demeurés après la guerre des lieux de souvenir et de recueillement. Encore aujourd'hui, les noms de Fleury, de Vaux, de Douaumont, de Bezonvaux, d'Ornes, de Louvemont, d'Haumont, de Beaumont et de Cumières évoquent la violence inouïe qui s'est déchaînée en ces lieux. Entre la terre sacrée de Verdun et la nation française existe un lien que seule la disparition de la France pourrait dissoudre.

PHILIPPE CONRAD

LES CROIX DE DOUAUMONT.

VUE AÉRIENNE DE LA ZONE DE COMBATS
EN SEPTEMBRE 1916.

IL EST DES CICATRICES QUI NE S'ESTOMPENT PAS. LE SITE DE BEAUMONT-HAMEL.

La Somme, 1916

Thiepval

Aux portes de l'Artois, entre plateau du Santerre et vallée de l'Ancre, la partie orientale du département de la Somme est un riche terroir agricole, céréalier et betteravier. Les amples et douces ondulations de son relief inspirent un sentiment de paix trompeur. Aucune aspérité, aucun accident n'arrête le regard. Aucune tempête n'agite cette mer : juste de grosses vagues, qui s'enchaînent avec une molle régularité. Les champs se confondent, ponctués de boqueteaux, pour se noyer à perte de vue dans un horizon à l'humeur changeante, mais toujours majestueux.

Dans un tel paysage, tout élément un peu particulier du relief devient aussitôt remarquable. Ainsi l'Ancre, petit cours d'eau paresseux, a-t-elle creusé dans le plateau une vallée qui, pour n'être pas vraiment encaissée, n'en constitue pas moins le principal talweg de la région. À l'inverse, une ligne de hauteurs un peu plus élevée que les autres prend aussitôt le nom de « crête ». C'est sur l'une d'elles que se dresse un imposant et énigmatique monument : le mémorial britannique de Thiepval. Cette gigantesque arche de pierre et de briques domine les alentours de sa silhouette placide. On la voit de loin. Les matins de brouillard, elle émerge de la brume tel un navire immobile. Les soirs d'été, elle se détache nettement sur l'horizon dégagé, à peine effleurée par les arbres qui masquent sa base.

Ce monument, qui est aujourd'hui, chaque année, un lieu de pèlerinage pour des dizaines de milliers de citoyens de l'ex-Empire britannique, rappelle l'une des batailles les plus terribles de la Grande Guerre : celle de la Somme, dans laquelle fut engloutie la fine fleur de l'armée de Sa Gracieuse Majesté.

En août 1914, la région de l'Ancre est un théâtre d'opérations très secondaire. Des divisions de réserve françaises (les 61e et 62e D.I.) sont bien poussées vers Bapaume et Arras, mais elles sont contraintes au repli en direction de Péronne, à l'issue de combats souvent très rudes, livrés contre les troupes de flanc-garde de l'aile droite allemande (à Sailly-Saillisel notamment). Jusqu'après la bataille de la Marne, seuls quelques éléments de cavalerie font parler la poudre autour de la ville d'Albert. Le centre de gravité de la bataille est ailleurs…

C'est à partir de la deuxième quinzaine du mois de septembre, avec la « course à la mer », qu'il se déplace vers le nord. La bataille de Picardie, aussi confuse qu'acharnée, voit les armées française et allemande se répandre dans tout le département de la Somme, chacune cherchant à déborder l'aile extérieure de l'autre.

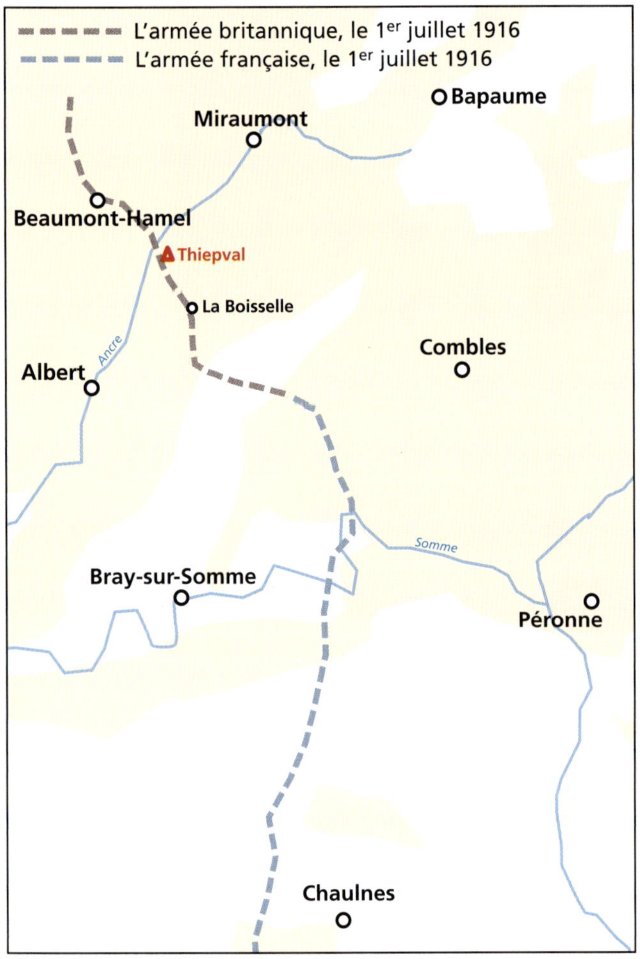

Chaque village, chaque butte devient un objectif âprement disputé. Mais, très vite, les premières tranchées apparaissent. Le front se stabilise. Le relief du pays de l'Ancre se prête admirablement à cette guerre de positions que les belligérants improvisent alors, dans des conditions de précarité matérielle totale. L'automne puis l'hiver apportent leur lot de souffrances supplémentaires. La boue de Picardie recouvre tout. Cette boue si riche et si grasse, qui faisait le bonheur des agriculteurs avant guerre, devient désormais le cauchemar des combattants. Englués, transis de froid et trempés, ceux-ci doivent organiser le secteur malgré la pénurie et les combats incessants.

Des derniers mois de 1914 au printemps de 1916, la Somme reste un front oublié. Les communiqués officiels ne l'évoquent pour ainsi dire jamais. Le sort de la guerre se joue plus au nord en Artois, ou plus au sud en Champagne. La plupart des troupes en ligne devant Albert sont des régiments de réserve, qui remplissent avec détermination une tâche pourtant ingrate : il faut renforcer les organisations défensives, améliorer les tranchées et s'adapter à la guerre nouvelle. Des combats sporadiques émaillent un quotidien terne, dominé par les travaux de terrassement et les corvées diverses.

VEILLÉE D'ARMES

Le 21 février 1916, l'attaque allemande sur Verdun change la donne. Pour défendre Verdun, il s'avère vite essentiel d'apporter à cette crise une réponse qui dépasse largement le cadre de la place forte meusienne. Le front de la Somme prend alors de l'importance aux yeux du haut commandement. Par son relief qui n'offre aucun obstacle sérieux, par sa situation à la jonction des armées française et britannique, par son ouverture sur l'arrière qui, à la différence de Verdun, permet d'assurer un excellent ravitaillement des troupes d'attaque, il semble tout indiqué pour servir de cadre à une vaste opération offensive. Pourquoi attaquer, alors que tous les efforts doivent tendre vers la défense de Verdun ? Pour soulager cette dernière, précisément, en attirant dans la Somme des réserves allemandes prélevées sur le front de la Meuse.

Néanmoins, il serait faux de réduire la bataille de la Somme à une simple diversion, fût-elle de grande ampleur. Le principe d'une offensive ambitieuse avait été adopté dès le mois de décembre 1915 par le général Joffre, après consultation des chefs des principales armées alliées. Puis, les 14 et 18 février 1916 – quelques jours à peine avant le déclenchement de l'attaque sur Verdun – Joffre et Haig, le nouveau commandant en chef des troupes britanniques en France, avaient arrêté les grandes lignes du projet : l'offensive serait lancée dans la Somme, les Anglais occupant le nord du front d'attaque et les Français le sud.

Après le 21 février, alors que tous les regards se tournent vers Verdun, la préparation de la bataille se poursuit. Pour renouveler ses effectifs, l'armée britannique reçoit des troupes en provenance de Grande-Bretagne. Ces unités, qui ont été levées en 1915, se composent de jeunes soldats, engagés à l'appel du maréchal Kitchener, ministre de la Guerre. Ces hommes à la ferveur remarquable ne

manquent ni de courage, ni de bonne volonté, ni même de détermination. Ils manquent pourtant de l'essentiel : l'expérience et l'instruction. Car les exercices menés dans la plaine de Salisbury n'ont pas de commune mesure avec la réalité de la guerre des tranchées. Cette « Kitchener's Army », levée dans un

L'INFANTERIE BRITANNIQUE S'ÉLANCE.

sursaut patriotique, n'est pas préparée à l'épreuve qui l'attend. C'est elle pourtant qui doit constituer le fer de lance de l'offensive…

Le déclenchement de la bataille est prévu pour le 1er juillet, entre les villages de Chilly, au sud, et de Serre, au nord. L'armée britannique, qui occupe un front de 27 kilomètres entre Maricourt et Serre, se compose de 25 divisions. Elle doit percer en direction de Bapaume. Dans cette perspective, d'importantes masses de cavalerie sont rassemblées. Ce sont elles qui devront exploiter les premières failles dans le front allemand pour se jeter sur les arrières de l'ennemi. L'optimisme est de règle: les ondulations du terrain se prêtent bien à la manœuvre, et la puissance de feu de l'artillerie anglaise est censée neutraliser les tranchées allemandes avant l'assaut des fantassins. La bataille s'annonce comme une vaste entreprise d'anéantissement, suivie d'une ruée en terrain libre. Et pour détruire les premières lignes adverses, on ne lésine pas sur les moyens: la préparation d'artillerie qui commence le 24 juin met en œuvre un nombre formidable de canons de tous calibres (un tous les 18 mètres!), auxquels s'ajoute le percement d'une dizaine de mines. Il ne s'agit plus de neutraliser les défenses ennemies, mais bien de les faire disparaître... corps et biens.

C'est donc avec confiance que chacun attend l'heure de l'assaut. Le 30 juin 1916, le maréchal Haig note dans son journal: « Le temps sera beau demain, le moral des hommes est splendide et jamais la préparation d'artillerie n'a été aussi minutieuse. » Mais cette confiance a aveuglé le commandement. Alors que, sous l'impulsion du général Foch, l'armée française a élaboré pour cette bataille une nouvelle doctrine de combat fondée sur les expériences de 1915 (assauts sur des objectifs limités et soutenus par une préparation d'artillerie méthodique), les Britanniques envisagent une attaque frontale, lancée par de lourdes et compactes masses de fantassins. Pourquoi adopteraient-ils un dispositif plus souple, puisqu'en face, rien ne doit subsister des défenses allemandes, après une semaine de martèlement? Il suffira d'avancer pour cueillir les fruits de la victoire.

PREMIÈRES PROTECTIONS CONTRE LES GAZ.

TERRIBLE DÉSILLUSION

Le 1er juillet à 7h30, l'infanterie qui sort des tranchées déchante immédiatement. Le déluge de fer et de feu des jours précédents n'a pas obtenu les résultats escomptés. Les réseaux de barbelés sont en partie intacts. Les Allemands, réfugiés dans leurs abris souterrains pendant la préparation, n'ont pas été mis hors de combat. Ils réoccupent immédiatement les restes de leurs tranchées, mettent les mitrailleuses en batterie et n'en croient pas leurs yeux: face à eux, des milliers de fantassins britanniques vulnérables, alignés comme à l'exercice, progressent lentement et s'offrent à l'holocauste... L'artillerie allemande qui, elle aussi, a peu souffert du bombardement, repère vite les vagues d'assaut et ouvre le feu à son tour.

Lorsqu'ils ne sont pas cloués sur place, les assaillants combattent avec un courage qui fait l'admiration de leurs adversaires. En dépit de quelques succès locaux, la bataille n'a rien de la promenade militaire à laquelle rêvait Haig. La 36e division (Ulster) qui attaque au nord de Thiepval, prend pied dans l'une des plus formidables positions allemandes fortifiées du front, la redoute Schwaben, mais elle doit s'en retirer en fin de journée: les divisions voisines n'ont pas pu progresser et les Irlandais se trouvent isolés en pointe, au cœur du dispositif ennemi. Près de Beaumont-Hamel, le régiment de Terre-Neuve est quasiment anéanti, sans même avoir pu franchir le *no man's land.* Face à Ovillers, la 8e division lance les unes après les autres ses vagues d'assaut contre les mitrailleuses. Lorsque les premières lignes s'effondrent, les suivantes les remplacent, pour connaître le même sort... En fin de journée, la plupart des unités engagées doivent refluer vers leurs tranchées de départ. Là où une progression a pu être obtenue, les combats sont d'une violence extrême, parfois jusqu'au corps à corps.

Au soir du 1er juillet, la désillusion est totale. Plus de 57000 soldats britanniques ont été mis hors de combat en quelques heures et 20000 d'entre eux sont morts! Il s'agit de la journée la plus meurtrière de toute l'histoire de l'armée anglaise. À quelques exceptions près, aucun des objectifs prévus n'a été atteint. En certains points, les premières lignes allemandes n'ont même pas été menacées...

Perturbé par cet échec sanglant, Haig songe à modifier son plan de bataille. Il envisage de renoncer aux opérations de son aile gauche pour se concentrer sur celles de la 4e armée du général Rawlinson. Cette initiative unilatérale pouvant remettre en cause tout le bien-fondé de la bataille, les généraux Joffre et Foch interviennent vivement pour le prier de n'en rien faire. Haig s'exécute donc, à contrecœur. Les opérations se poursuivent, mais la grande offensive se mue en une bataille d'usure. Tous les villages et boqueteaux, fortifiés par les Allemands, deviennent des objectifs de combat confus, aux visées limitées. Le 8, puis le 14 juillet, la 4e armée tente de consolider et d'amplifier ses maigres gains du premier jour. Les villages de La Boisselle, Contalmaison et Bazentin-le-Grand sont enfin pris après deux semaines de combats sanglants... alors que le plan initial prévoyait de s'en emparer dès le premier jour de l'attaque. Une fois encore, Haig pèche par excès d'optimisme. Croyant le front percé, il lance sa cavalerie dans la bataille. La démonstration s'achève par un nouvel échec.

Après avoir encaissé le premier choc, les Allemands réagissent. Von Falkenhayn prescrit une attitude plus offensive à ses troupes de la Somme. Alliant les actes à la parole, il remanie le commandement et décide d'acheminer d'importants renforts (23 divisions dans un premier temps). Dès le 18 juillet, une violente contre-attaque sur le bois Delville, défendu avec acharnement par les Sud-Africains, donne le ton: l'armée allemande ne se cantonne plus à une défense passive. Elle veut reprendre l'initiative.

D'un point de vue stratégique pourtant, cette initiative appartient toujours

LE CHRIST MUTILÉ.

LES VIVANTS ET LES MORTS.

aux Alliés. Le 20 juillet, une nouvelle offensive britannique est lancée, mais elle n'obtient pas les résultats attendus. En dépit de combats terribles, le bois des Fourcaux et le bois Delville restent en partie allemands, de même que Guillemont et Guinchy, au sud du front anglais.

Pour relancer la bataille, Haig a besoin de troupes fraîches. Comme les bataillons métropolitains de Kitchener sont décimés par les premières semaines de combat, c'est au tour des dominions d'entrer dans la fournaise. Le 1er corps « A.N.Z.A.C. » (corps d'armée australien et néo-zélandais) est engagé dès le 23 juillet 1916, sur la route d'Albert à Bapaume. Il a pour mission de conquérir le village fortifié de Pozières et de se rendre maître du puissant réseau défensif qui l'entoure. Depuis Gallipoli, en 1915, les « Diggers » (surnom des soldats australiens) ont acquis une solide réputation de troupes de choc. Ce sont des soldats intrépides et endurants. Et ces qualités leur seront cruellement nécessaires dans les jours qui viennent...

La bataille tourne alors au « grignotage » coûteux, que Haig appelle pudiquement un « progrès méthodique ». Un peu partout, les bataillons sont lancés les uns après les autres à l'assaut d'objectifs précis. Ces opérations ponctuelles doivent permettre d'établir une ligne de départ cohérente pour une offensive devant commencer en septembre et destinée à faire tomber la position défensive allemande de la crête de Thiepval. Elles sont coûteuses, confuses et leurs gains sont dérisoires. En outre, après presque un mois de bataille, les soldats britanniques doivent faire face à un nouvel adversaire : le terrain. Celui-ci est défoncé, impraticable. Le ravitaillement ne parvient aux premières lignes qu'à grand-peine. Les relèves sont particulièrement pénibles. Les boyaux sont détruits et, pour progresser, il faut contourner les innombrables trous d'obus tout en évitant les débris en tous genres qui parsèment le chemin. L'évacuation des blessés est délicate et de nombreux soldats meurent faute d'avoir pu être dirigés à temps sur les ambulances de l'arrière. Après la chaleur écrasante de l'été, les premières pluies transforment le champ de bataille en une vaste étendue boueuse. Dans cette glaise, chaque déplacement est une épreuve que l'artillerie allemande, omniprésente, rend souvent fatale.

À Pozières, les Australiens combattent avec un acharnement héroïque contre des ennemis solidement retranchés dans des abris souterrains bétonnés. Chaque cave, chaque ruine abrite un nid de mitrailleuse ou une équipe de mortier... Entre le 23 et le 29 juillet, les « Diggers » lancent de multiples assauts coûteux. Finalement, le village est conquis. Mais peut-on encore parler d'un village? Certes, la possession de Pozières et d'une partie de sa crête constitue un point positif pour l'armée britannique. Cependant, il reste beaucoup à faire avant d'être en mesure de lancer l'offensive.

Les combats continuent donc. À la sortie de Pozières, sur la route de Thiepval, la ferme du Mouquet a été transformée en redoute par les Allemands. C'est sur elle que les Australiens font désormais porter tous leurs efforts. Mètre par mètre, tranchée par tranchée, trou d'obus par trou d'obus, ils progressent vers elle pendant le mois d'août. Le 2 septembre, leurs premières lignes sont à hauteur de la ferme qui résiste toujours. Il leur aura fallu plus d'un mois de lutte pour progresser d'à peine quelques centaines de mètres... Lorsqu'ils sont relevés par les Canadiens, les « A.N.Z.A.C. » ne sont plus en mesure de combattre.

MORT SANS SÉPULTURE.

Pendant que les hommes souffrent et meurent, les généraux se déchirent. Joffre presse Haig de collaborer à la prochaine opération commune qu'il envisage. Mais le maréchal anglais ne l'entend pas ainsi. Nulle part il ne dispose de bases de départ solides, et ses opérations de détail n'ont pas encore porté les fruits qu'il en attend. En revanche, les lignes allemandes, elles, restent solides. De surcroît, Haig répugne à subordonner son action à celle d'un général français... qui n'est même pas maréchal!

THIEPVAL TOMBE

C'est donc avec une mauvaise volonté évidente qu'il reprend l'offensive le 3 septembre. Pourtant, les résultats obtenus dans les jours qui suivent sont plutôt rassurants: Guillemont et Guinchy sont pris, de même que la ferme du Mouquet, enlevée par les Canadiens. L'armée britannique se trouve enfin bien placée pour envisager une opération ambitieuse.

Celle-ci est déclenchée le 15 septembre, en liaison avec une offensive française plus au sud. Dans le meilleur des cas, ce nouveau coup de boutoir doit mettre un terme à la bataille d'usure de l'été et ouvrir la route de Bapaume. Haig compte beaucoup sur une innovation pour percer le front allemand: le char de combat. Le principe de cette arme est simple: il s'agit de porter le feu de canons ou de mitrailleuses dans les lignes ennemies, au moyen d'un véhicule pouvant se mouvoir sur un terrain défoncé et dont les parois sont protégées par un blindage métallique. Afin de préserver le secret, les Britanniques ont employé le mot « tank » (réservoir) pour désigner l'engin. En fait de réservoir, il s'agit d'un mastodonte de 28 tonnes, qui peut parcourir cinq kilomètres en une heure.

Soixante de ces engins doivent être employés, mais seulement 48 sont disponibles au matin du 15. Ils sont répartis en deux masses inégales: la plus importante (42 chars) est engagée à l'est du front d'attaque, entre High Wood et Guinchy. Elle doit appuyer les 14ᵉ, 3ᵉ et 15ᵉ corps en direction de Flers. À gauche, six engins sont affectés au Corps canadien qui doit s'emparer de Courcelette. L'effet attendu est autant moral que tactique. Il s'agit d'impressionner l'adversaire autant que de percer ses lignes. De fait, lorsqu'ils voient les premiers « tanks », les défenseurs allemands se rendent, terrifiés par cette nouvelle arme qui écrase tout sur son passage et leur semble invulnérable. Pourtant, ce premier emploi de la force mécanique n'est pas un réel succès. Les pannes sont nombreuses et plusieurs chars s'embourbent dans des trous d'obus

ARTILLERIE LOURDE ANGLAISE.

avant d'avoir pu atteindre les tranchées ennemies. Car les monstres d'acier ne sont pas invulnérables : après avoir causé un début de panique dans les lignes allemandes et ainsi contribué au nettoyage du bois Delville, le premier char engagé est détruit par un obus.

Malgré cette déception, la bataille du 15 septembre est un relatif succès. La troisième ligne allemande est entamée et plusieurs villages importants sont pris par les assaillants : Courcelette, Martinpuich et Flers. Mais Bapaume est encore loin et les Allemands, qui viennent de recevoir le renfort d'une trentaine de divisions, tiennent toujours solidement de redoutables positions défensives, organisations dont la crête de Thiepval est la colonne vertébrale. Il faut donc maintenir la pression et lancer de nouvelles attaques… Le « bain de sang » – pour reprendre l'expression d'un général allemand – continue…

Le 25 septembre, alors que les Canadiens livrent des combats acharnés pour faire tomber, l'une après l'autre, les lignes allemandes qui leur bloquent le passage en arrière de Courcelette, le 14e corps remporte un beau succès en s'emparant de Morval et de Lesbœufs. Que de changements sont intervenus depuis le 1er juillet ! L'artillerie anglaise se fait plus efficace, tant pour les bombardements préliminaires que pour l'accompagnement des attaques (la tactique du barrage roulant commence à être développée). L'infanterie également a peaufiné sa méthode de combat, afin de limiter autant que possible l'ampleur des pertes.

Plus au nord, l'armée de réserve du général Gough, qui n'avait joué qu'un rôle secondaire depuis le massacre du 1er juillet, se joint à la poussée en attaquant de front la crête de Thiepval. Après deux jours de terribles combats, le village de Thiepval est enlevé et le système défensif allemand « Feste Schwaben » (qui va de Thiepval au nord de Courcelette) est sérieusement menacé.

Une fois encore, en dépit de succès très localisés et chèrement acquis, nulle part l'équilibre des forces n'a pu être rompu. La percée tant attendue n'est toujours pas réalisée et il ne semble pas qu'elle puisse l'être avant longtemps. La profusion des moyens mis en œuvre par les Britanniques n'a pas eu raison des défenseurs allemands et les pertes restent très élevées, même si elles sont sans commune mesure avec celles, terrifiantes, du 1er juillet. Chaque objectif conquis de haute lutte est payé au prix fort. Haig, qui a conscience de l'épuisement de son armée, songe un instant à mettre un terme aux opérations. Il est désapprouvé par son état-major, qui est convaincu que l'armée allemande, à bout de force, ne pourra bientôt plus résister aux coups de boutoir. Il doit aussi faire face à Joffre, qui compte bien conserver l'appui des Britanniques pour une nouvelle offensive commune, prévue de part et d'autre de la Somme pour le mois d'octobre. Cédant aux arguments des uns et des autres, le maréchal anglais revient sur sa décision : la bataille doit continuer.

Elle est relancée dès le 1er octobre, dans les pires conditions possibles. La boue est omniprésente. Elle recouvre tout, obture les canons des fusils, englue les chaussures, alourdit les équipements, aspire les hommes et interdit toute progression à l'artillerie. De nombreux obus tombés dans le sol meuble n'explosent pas. L'humidité froide de l'automne s'insinue

NOS SOLDATS DANS LA VILLE DE ROYE.

LE LOCHNAGAR CRATER À LA BOISSELLE

partout. Rien ni personne n'est épargné. Les combattants des deux camps doivent autant lutter contre les intempéries et la boue que contre l'ennemi. Par dérision, les « Tommies » désignent l'océan de boue dans lequel ils vivent et combattent sous le nom de « porridge » (bouillie)...

Comme la boue, le relief est un ennemi de plus, dont il faut triompher avant d'espérer pouvoir gagner la bataille. En effet, les ondulations du terrain donnent aux défenseurs un avantage considérable. Lorsque les vagues d'assaut atteignent le sommet d'une crête, les silhouettes des hommes se détachent très nettement sur l'horizon. Elles offrent alors de superbes cibles aux Allemands dont les tranchées, qui sont souvent installées à contre-pente, sont également bien abritées des coups de l'artillerie britannique, laquelle ne voit pas les objectifs qu'elle bombarde. Or, comme la supériorité aérienne, acquise par les Alliés dès le début de la bataille, ne constitue pas un avantage décisif en pareilles circonstances, il faut souvent attaquer à l'aveugle un adversaire qui ne se démasque qu'au dernier moment.

Au nord du front, les Canadiens ont devant eux un objectif de taille : Regina Trench. Il s'agit d'une longue tranchée puissamment organisée, qui va de la crête de Thiepval au nord de Courcelette. Il faudra quatre assauts (les 1er, 8, 21 octobre et 11 novembre), tous aussi meurtriers les uns que les autres, pour qu'elle soit finalement conquise par la 4e division canadienne, récemment arrivée en France et aussitôt jetée dans l'enfer de la Somme.

« BAIN DE SANG »

Partout ailleurs, le mois d'octobre est marqué par une succession d'offensives plus ou moins décousues, qui n'obtiennent pas de résultats probants. Certes, quelques fortes positions sont enlevées (Le Sars ou Gueudecourt notamment), mais ces victoires à la Pyrrhus ne sauraient faire oublier l'état d'épuisement de la 4e armée. Plusieurs officiers supérieurs demandent officiellement l'arrêt des opérations. Ils ne sont pas écoutés.

Tandis que la bataille se poursuit confusément, sans qu'il soit possible d'en connaître l'issue, les relations entre Joffre et Haig se dégradent. Alors que le premier, arguant que « l'ennemi accuse un désarroi incontestable », exhorte l'Anglais à remettre sur pied une offensive d'ensemble, le second persiste dans sa tactique d'attaques à objectifs limités. Outré par l'insistance de son homologue français, il lui écrit : « Je dois toutefois vous rappeler que c'est à moi qu'appartient d'apprécier ce que je veux entreprendre et à quel moment je dois le faire ». En Angleterre, l'opinion publique commence à s'émouvoir de l'ampleur des pertes consenties pour une bataille qui, décidément, s'éternise. Le gouvernement, quant à lui, se montre plutôt préoccupé par la faramineuse consommation de munitions réalisée depuis juillet, qui commence à excéder les capacités de production de l'industrie de guerre. D'un point de vue économique, le prix des obus est supérieur à celui des vies humaines : la bataille coûte trop cher pour les gains obtenus... De toute évidence, il faudra vite conclure l'affaire, soit par une victoire décisive et rapide, soit par un arrêt définitif des combats.

Pour terminer sur un succès, tout autant que pour s'assurer la possession de promontoires et de points d'appui, Haig ordonne d'attaquer une dernière fois le 13 novembre, dans la vallée de l'Ancre. Là où les troupes d'assaut du 1er juillet avaient été massacrées sans même pouvoir atteindre les tranchées ennemies, cet ultime assaut fait tomber tout le dispositif allemand. Les ruines de Beaumont-Hamel et de Saint-Pierre-Divion sont prises et la première ligne anglaise vient s'appuyer sur la cote 153, au nord de Thiepval. Ce succès de l'aile gauche, associé à celui des Canadiens sur Regina Trench, restera sans lendemain. La bataille de la Somme s'achève le 18 novembre 1916 sur cette petite victoire locale, qui clôt une longue et dramatique série d'attaques...

Quel fut le résultat de cette bataille de près de cinq mois ? Il est mitigé. En dépit des moyens démentiels mis en œuvre, la rupture attendue n'a pas pu être réalisée. Les armées alliées n'ont pu conquérir qu'un territoire restreint, sur lequel plus rien ne subsiste : villages, routes, forêts ou

LE CIMETIÈRE MILITAIRE BRITANNIQUE D'OVILLERS.

champs, tout a disparu pour laisser place à un paysage de fin du monde. Le nouveau tracé du front ne met nulle part en péril l'organisation défensive des armées du Kaiser. La preuve en sera donnée lors du repli de février et mars 1917, qui rendra stériles tous les coups de boutoir de l'année précédente. Du point de vue de la conduite des opérations, donc, il n'est pas exagéré de prétendre que la bataille de la Somme fut livrée… pour rien.

Cette constatation est d'autant plus effrayante que le prix payé fut particulièrement élevé. Les Britanniques ont perdu 420 000 hommes dans la Somme, et les Français plus de 200 000 – dont un tiers de morts pour chacun… C'est à de tels chiffres que l'on mesure l'ampleur de la saignée provoquée dans les armées alliées par cette bataille titanesque. Les Anglais, surtout, ont vu disparaître en une seule journée (le 1er juillet) toute une génération de combattants. Trop jeunes, trop inexpérimentés et trop mal employés, les hommes de la « Kitchener's Army » ont été sacrifiés sur l'autel d'une doctrine dépassée… ou plutôt sur celui de l'absence de doctrine. Ils ont été envoyés au combat comme à l'époque de la guerre en dentelle : en lignes régulières et compactes, face à des armes modernes à tir rapide.

Fallait-il vraiment un tel massacre pour apprendre aux généraux britanniques que « le feu tue » ? Fallait-il vraiment cela pour leur faire prendre conscience que les *pals battalions* – « bataillons de camarades » originaires de la même région, mais n'ayant aucune expérience militaire –, s'ils étaient animés d'un exceptionnel esprit de corps, n'étaient pas prêts à être employés dans des opérations aussi meurtrières ? Fallait-il vraiment de telles épreuves pour enseigner aux Anglais qu'une armée ne s'improvise pas, que le patriotisme n'est rien sans l'instruction et que le courage ne remplace pas l'expérience ? Fallait-il vraiment subir les sanglantes conséquences de l'échec de la préparation d'artillerie de la dernière semaine de juin pour comprendre qu'à lui seul un bombardement aveugle ne peut pas réduire les défenses d'un ennemi bien organisé et enterré ? En heurtant la conscience, la bataille de la Somme soulève bien des questions qui resteront à jamais sans réponses…

Mais comme toujours, le bilan de ce « bain de sang » ne saurait être limité à une succession d'échecs et de questionnements. Pour les Allemands également, l'effort consenti sur la Somme fut gigantesque. Quarante de leurs meilleures divisions y ont été englouties. Avec près de 430 000 hommes mis hors de combat (dont un tiers de morts), ils ont eux aussi payé un lourd tribut au « Big Push » (la grosse poussée) du maréchal Haig… Plus encore que les Alliés, pourtant cruellement atteints, l'Allemagne aura souffert de cette bataille d'usure, toujours plus avide de renforts et de ravitaillement. L'économie du Reich est parvenue à un point de rupture. Elle ne peut plus fournir les matériels nécessaires à l'alimentation simultanée de deux batailles aussi gigantesques que celles de Verdun et de la Somme. Les renforts eux aussi s'épuisent et les pertes en officiers et sous-officiers de valeur sont irréparables.

À l'échelle stratégique, enfin, il n'est pas interdit de penser que l'offensive de la Somme, si coûteuse fût-elle, a sauvé Verdun. En attirant des réserves considérables, elle a en effet permis de soulager le front français de la Meuse d'une pression qui pouvait bien s'avérer fatale. En pratiquant des ponctions sur ses troupes de Lorraine, le commandement allemand a dû se résoudre à faire marquer le pas à son offensive, puis à laisser l'armée française reprendre l'initiative. En ce sens, au moins, la bataille de la Somme a répondu aux attentes de ses concepteurs.

Que reste-t-il aujourd'hui de cet affrontement ? De nombreux cimetières militaires britanniques qui parsèment la campagne picarde, des mémoriaux parfois très émouvants et des éclats d'obus, que la terre « rend » par millions chaque année. De tous les monuments érigés en ces lieux, celui de Thiepval est le plus grand. Construit en 1932, il est l'œuvre de l'architecte Sir Edwyn Lutyens. Bien qu'il ne soit pas situé au centre du champ de bataille de 1916, il est conçu comme le mémorial principal de la bataille de la Somme et, au-delà, de tous les combats menés par les troupes anglaises en France pendant la Grande Guerre. Sur ses 16 piliers monumentaux sont en effet gravés les noms des 72 000 soldats disparus entre juillet 1915 et mars 1918 et dont les corps n'ont pas été retrouvés. À l'ombre de cet imposant monument haut de 45 mètres, un petit cimetière rassemble des stèles britanniques et des croix françaises, symbole de l'alliance des deux armées et de leur participation commune à la bataille.

ÉRIC LABAYLE

LE MÉMORIAL BRITANNIQUE DE THIEPVAL
DOMINE L'ANCIEN CHAMP DE BATAILLE.

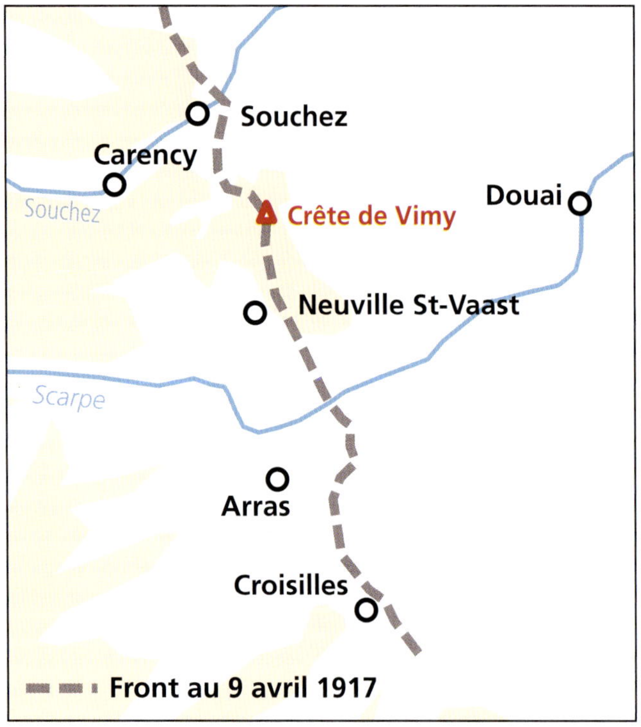

Au nord de la crête, la 77e division du général Barbot parvient à percer le front allemand. En fin de journée, elle a franchi la ligne des hauteurs pour aborder le village de Givenchy-en-Gohelle. Son chef, devenu légendaire depuis la bataille d'Arras de l'automne précédent, sera tué dans les combats. À sa droite, la Division marocaine du général Blondlat, composée de tirailleurs et de légionnaires, se fraye elle aussi un chemin jusqu'au sommet de la colline. Au prix de lourdes pertes, elle en atteint le point le plus élevé (la cote 145) et pénètre dans le bois de la Folie, plus au sud.

Mais ces quelques succès sont sans lendemain. Alors que les troupes avancées sur la butte sont épuisées et décimées, les renforts n'arrivent pas… Et pour cause : les réserves sont massées en arrière du front, à une douzaine de kilomètres des lignes de départ. Dans le meilleur des cas, il leur faudrait trois à quatre heures pour rejoindre les éléments de pointe et les relever. En pleine bataille, ce délai ne saurait être respecté. Et même s'il l'était, les Marocains, les légionnaires et les hommes de Barbot n'ont plus les moyens de tenir les positions conquises. Submergés par le nombre, menacés par des retours offensifs et privés de soutien, ils doivent se replier. L'armée française vient de laisser échapper une chance unique de s'emparer de la crête et, par la même occasion, de retourner la situation stratégique en Artois. Certes, la bataille du 9 mai reste un succès, mais d'une portée minime. Après trois semaines de combats meurtriers, au fil des attaques et des contre-attaques, la ligne de front a simplement progressé de deux kilomètres en faveur des Français. Elle s'étire désormais dans la plaine, où elle coupe la route d'Arras à Souchez, au pied de la crête restée allemande.

Les mois qui suivent la bataille sont mis à profit par les Allemands pour renforcer leurs organisations défensives. Pendant ce temps, le général Joffre prépare une nouvelle opération fondée, selon ses propres termes, sur « des attaques puissantes […] menées simultanément dans différentes régions et chacune sur un très grand front ». Ce coup de boutoir prévu pour l'automne doit être lancé au même instant en Artois et en Champagne.

LE TERRAIN BOULEVERSÉ DE LA CRÊTE DE VIMY

Ainsi, le 25 septembre 1915, le nord d'Arras s'embrase à nouveau. Le bombardement préliminaire est encore plus violent que celui qui avait précédé l'assaut du 9 mai, avec un emploi massif de l'artillerie lourde et, pour la première fois à cette échelle, des gaz de combat. Les tranchées allemandes qui défendent l'accès à la crête de Vimy sont anéanties en plusieurs points. Pourtant, lorsque les poilus s'élancent, ils doivent faire face à une résistance acharnée. Nulle part les Français n'obtiendront la percée attendue. Au sud de la crête, le 12e corps s'épuise en combats meurtriers dans le secteur du Télégraphe, sans parvenir à atteindre Thélus, son objectif initial. Pourtant, quelques succès remportés au nord du front d'attaque (prise de Loos par les Britanniques et de Souchez par les 21e et 33e corps) contraignent les Allemands à un recul certes minime, mais significatif. Après deux semaines de lutte, les premières lignes françaises sont portées à mi-pente de la crête, face au bois de la Folie et à la cote 145, en avant de Neuville-Saint-Vaast. Mais le sommet reste allemand…

Une fois encore, en dépit d'une débauche de moyens, les résultats de l'offensive française sont décevants. Fort de la progression initiale de ses troupes et certain d'être en mesure de remporter une victoire décisive avec un peu de persévérance, le général Foch, qui dirige les opérations d'Artois, souhaite poursuivre l'effort en vue d'une percée. Mais les gains de la dernière semaine de septembre n'auront pas de suites, car l'offensive de Champagne marque le pas. Or, comme celle-ci est considérée comme prioritaire par le haut commandement, c'est vers elle que doivent être dirigés tous les matériels et renforts disponibles, quitte à les prélever sur le front d'Artois. Privé des moyens de ses ambitions, Foch doit donc se contenter de mener une bataille de diversion. Une fois encore, le sacrifice de l'infanterie française aura été vain : la crête de Vimy n'a pu être conquise, la ville de Lens reste aux mains des Allemands et celle d'Arras est toujours sous le feu de l'artillerie du Kaiser.

Après un an de bataille presque ininterrompue, la crête et ses alentours présentent un aspect bien différent de celui qui était le leur avant guerre. La terre mise à nu est profondément retournée, parfois jusqu'à la roche. Les tranchées, les ruines des villages conquis en 1915 et les innombrables cratères d'obus défigurent le sol. La région tout entière n'est plus qu'un gigantesque *no man's land*, strié par les réseaux de fil de fer barbelé et constellé de débris divers. Les champs, les prés et les bois d'antan ne sont plus que de lointains souvenirs.

Puis le fracas des armes s'apaise un peu. Après leurs deux tentatives infructueuses de l'année 1915, les Français abandonnent l'idée de faire tomber les défenses allemandes au nord d'Arras. Ils se contentent d'aménager les positions conquises, avant de les confier aux Britanniques en mars 1916. Le 21 février précédent, l'offensive allemande sur Verdun avait contraint l'armée française à restreindre son front pour acheminer des renforts dans la vallée de la Meuse. Le même jour, une violente attaque avait chassé les Français de la seule hauteur conquise en septembre 1915 et conservée depuis : la cote 119, au nord de la crête. Le revers était de taille, surtout après les sacrifices consentis quelques mois plus

LA TRAGIQUE RENCONTRE
DE LA BRAVOURE ET DE LA TECHNIQUE.
UN AVIATEUR FRANÇAIS FOUDROYÉ.

L'ÉVACUATION DES BLESSÉS.

tôt pour s'emparer de ce sommet qui surplombe Givenchy.

En 1916, la crête ressemble à un gisant immobile, froid et monstrueux, étendu au cœur d'une région défigurée. Le secteur a retrouvé un calme trompeur. Mais même si le nom de Vimy n'apparaît plus dans les communiqués officiels et même si l'intensité des combats n'a pas de commune mesure avec celle des deux offensives françaises, on y meurt toujours. Anglais et Allemands se livrent une guerre des mines féroce. Dès qu'une explosion est déclenchée, le cratère est investi et fortifié. À ce jeu de « grignotage », les combats sont fréquents, mais ils n'impliquent que de petits effectifs. En mai 1916, en réponse à l'explosion simultanée de quatre mines dont les excavations sont aussitôt occupées par l'infanterie anglaise, les Allemands lancent une violente attaque, soutenue par un intense bombardement d'artillerie. Par endroits, on en vient au corps à corps…

En juillet 1916, la bataille de la Somme rend à la crête de Vimy un semblant de tranquillité. Allemands et Britanniques font porter leurs efforts plus au sud. L'Artois devient un front secondaire. Il l'est toujours lorsque les Canadiens y sont affectés, fin octobre.

Le contingent canadien est sur le front depuis février 1915. Fin 1916, il se compose de quatre divisions, rassemblées en un corps d'armée sous le commandement du général Byng. Les trois premières divisions combattent dans la Somme depuis le 15 septembre précédent. Ce sont elles qui arrivent les premières devant la crête, alors que la 4e division, dernière arrivée en France, reste engagée dans la Somme, pour rejoindre les autres en Artois un mois plus tard. Commence alors une période de repos et de réorganisation, en prévision d'une grande offensive annoncée pour le printemps de 1917. Il faut remplacer les 24 000 morts et blessés de la Somme. Cette saignée est d'autant plus préoccupante que beaucoup de soldats et d'officiers expérimentés ont disparu, et que l'instruction militaire des jeunes recrues laisse parfois à désirer. En fait, ce sont toutes les forces britanniques qui ont besoin d'une pause.

À l'exception de quelques désagréments inhérents à la vie militaire, les conditions de vie dans le nouveau secteur seraient acceptables si le temps ne se mettait pas de la partie. Depuis 22 ans, la région d'Arras n'a pas connu un hiver aussi froid. Les cours d'eau sont gelés et les repas n'arrivent jamais chauds en première ligne. Mais les Canadiens sont accoutumés au froid et ceux qui ont connu l'hiver précédent se sentent privilégiés. Ici, les tranchées sont saines, l'humidité raisonnable et les conditions de vie plus douces que dans les Flandres.

L'activité guerrière se limite à des patrouilles et des raids sur des objectifs limités. Il ne s'agit pas de percer le front adverse, mais d'en tester les défenses, d'en connaître les contours, les forces et les faiblesses, de faire des prisonniers et d'interdire aux Allemands de renforcer leur dispositif. Dans la perspective de la bataille future, il convient d'user l'ennemi en le maintenant en état d'alerte perpétuelle et en détruisant ses installations de première ligne. Jusqu'à la fin de l'année 1916, ces raids sont relativement peu nombreux. Ils augmentent en fréquence et en intensité à partir de février 1917.

L'offensive générale planifiée par le général Nivelle, nouveau chef des armées françaises, se subdivise en une attaque principale sur le Chemin des Dames et deux attaques secondaires, dont l'une doit être menée par les Britanniques en Artois. Le Corps canadien reçoit la mission d'attaquer les hauteurs au pied desquelles il stationne depuis cinq mois. Les

attaquer et non s'en emparer... car le centre de gravité de l'offensive britannique est situé plus au sud, sur la rivière Scarpe face à Arras.

L'OFFENSIVE DE DIVERSION

La crête de Vimy n'est donc qu'un objectif secondaire et l'assaut canadien n'est qu'une opération de flanc-garde, à la gauche du front d'attaque. En outre, le commandement sait que la position est inexpugnable : tirant les leçons de 1915, les Allemands ont garni les hauteurs de redoutes bétonnées, d'abris étanches, de souterrains, et les ont couronnées de trois lignes de tranchées parsemées de points forts et de nids de mitrailleuses. Le tout est desservi par un réseau complet de boyaux, de chemins, de routes et de voies ferrées montant de la plaine de Lens. Les quatre divisions de Byng doivent se sacrifier pour contenir les réserves allemandes, perturber l'observation de la bataille depuis la butte et permettre au centre du dispositif de percer les lignes ennemies. Rien de plus. On n'attend aucun résultat décisif sur cette partie du front.

Mais la mentalité canadienne s'accommode mal de cette mission. Là où Français et Anglais ont échoué, le général Byng veut réussir. De fait, il ne lésine pas sur les moyens. Sur un front de sept kilomètres, il place plus de 900 canons de tous calibres : un canon lourd tous les 20 mètres et un canon de campagne tous les 10 mètres ! Avec ses généraux, il élabore une nouvelle tactique d'assaut, dans laquelle l'infanterie, employée en petits groupes et non plus en masses compactes, reste en liaison étroite avec l'artillerie. À l'arrière, un terrain présentant les mêmes caractéristiques que la crête est aménagé, afin que toutes les unités puissent s'entraîner jusqu'à ce que chaque homme connaisse par cœur le rôle exact qu'il doit jouer lors de l'assaut.

Pour l'approvisionnement, de gigantesques dépôts sont aménagés dans la zone arrière du corps d'armée et les troupes de soutien effectuent de vrais travaux de Romains pendant l'hiver 1916-1917. Elles réparent et entretiennent une quarantaine de kilomètres de routes, en construisent une nouvelle entièrement pavée de planches et maintiennent en état 32 kilomètres de voies ferrées. Pour acheminer hommes et matériels en première ligne en toute discrétion, les tunneliers creusent des galeries dont l'intérieur est aménagé pour accueillir postes de commandement, infirmeries et dépôts d'armes. En principe, les anciens tunnels de mines sont réutilisés et servent d'amorce aux ouvrages neufs. En tout, ce sont douze souterrains qui sont creusés, pour une longueur totale de plus de cinq kilomètres. Tous disposent de l'électricité, du téléphone, de conduites d'eau, etc.

La préparation d'artillerie débute le 20 mars. Elle est très subtilement menée : il n'est plus question de détruire l'intégralité des tranchées allemandes ni des obstacles du *no man's land*. Le bombardement doit surtout ouvrir des brèches dans les réseaux de barbelés. Dans les lignes ennemies, il s'attache à détruire les embranchements de tranchées et de boyaux, les abris bétonnés et les entrées de souterrains. Les batteries allemandes sont muselées par un tir alliant précision et efficacité. Chaque nuit, les relèves de l'ennemi, ses troupes de corvée ou ses approvisionnements font l'objet de tirs de harcèlement. Six jours avant l'assaut, l'ensemble de l'artillerie canadienne entre en action. Entre le 2 et le 9 avril, plus d'un million d'obus sont déversés...

En complément des objectifs habituels, voies de communication et dépôts de munitions, les artilleurs s'acharnent sur huit villages situés derrière les positions allemandes. Le bourg de Thélus est rasé. Pour compléter la préparation, les mortiers de tranchée pilonnent les premières lignes allemandes, et les mitrailleuses dressent par leur tir indirect un rideau de mort en arrière des tranchées ennemies. Les Allemands surnomment cette période « la semaine de souffrance ». Il leur est impossible de circuler,

FANTASSINS CANADIENS SUR LA CRÊTE DE VIMY.

de jour comme de nuit. Le ravitaillement n'arrive plus, les hommes se terrent et le moral s'effondre.

Le 9 avril, lundi de Pâques, un barrage exceptionnellement violent s'abat sur les positions allemandes à 5 h 30 et deux mines explosent. Plus de 20 000 Canadiens se lancent alors à l'assaut, sur un front de six kilomètres et demi. Pour la première fois de leur histoire, les quatre divisions attaquent côte à côte, réparties du sud vers le nord par ordre numérique croissant. Toutes les trois minutes, l'artillerie allonge son tir d'une centaine de mètres pour accompagner les fantassins. L'une après l'autre, toutes les lignes d'objectifs sont écrasées par un feu violent. Cette pratique du barrage roulant ayant donné de bons résultats dans la Somme, les artilleurs canadiens l'ont améliorée. Ils acquièrent ainsi dans ce domaine une avance considérable sur toutes les autres artilleries belligérantes.

Face aux troupes d'assaut, il ne reste plus que quelques nids de mitrailleuses et quelques points de résistance à neutraliser. Les occupants des premières lignes, abrutis par le déluge de feu qui vient de s'abattre sur eux, sont cueillis dans leurs abris, incapables d'opposer la moindre résistance. La progression est beaucoup moins difficile que dans la Somme. Pourtant, on ne pouvait rêver pires conditions météorologiques. Un vent glacial souffle du nord-ouest. Il tombe un mélange de pluie et de neige qui handicape les hommes, et la marche est rendue pénible par la boue qui recouvre uniformes, équipements et chaussures. Derrière les troupes d'assaut, les bataillons de soutien remplissent des missions vitales quoique sans gloire : escorter les prisonniers, récupérer l'armement sur le champ de bataille, relever les cadavres, les enterrer…

À droite du Corps canadien, les 1re et 2e divisions combattent dans le secteur le plus plat, sur lequel aucun accident de terrain ne doit arrêter la progression. Leurs objectifs sont donc ambitieux : elles doivent pénétrer de près de trois kilomètres dans les lignes allemandes, jusqu'au bois de Farbus. Huit tanks ont l'ordre d'appuyer l'attaque. Trop peu nombreux pour pouvoir peser sur le cours de la bataille, les monstres d'acier sont handicapés par l'état du terrain. L'un d'eux s'embourbe vite, avant même d'atteindre la zone des combats, et les autres ont les plus grandes peines à s'extraire du *no man's land.* En fait, le plan canadien ne prévoit aucune action ambitieuse pour eux. C'est en spectateurs quasi passifs qu'ils assistent aux opérations.

En dépit des cratères de mines et de la boue, qui freinent la marche des hommes, l'avancée de l'infanterie s'effectue selon le plan prévu. Mais la résistance allemande augmente graduellement. La fusillade se fait plus nourrie et l'artillerie essaie d'enrayer l'assaut avec des obus à gaz. Certaines portions de tranchée doivent être prises à la baïonnette. Dès que les ruines de Thélus sont enlevées, leurs alentours sont fortifiés par des troupes de soutien. Les combats se font de plus en plus violents. Certains bataillons perdent jusqu'à 80 % de leur effectif initial. Un homme sur cinq est tué. Les mitrailleuses surtout, qui opèrent depuis des positions enterrées, font des ravages. Les réduire au silence nécessite des trésors de bravoure et d'énergie. L'artillerie allemande, par contre, manque d'efficacité. Son tir se fait de moins en moins précis au fil de la matinée : l'avance canadienne étant trop rapide, les artilleurs ne peuvent plus localiser leurs cibles avec exactitude. En atteignant leur objectif final, les hommes du général Byng comprennent enfin la portée de la victoire qu'ils viennent de remporter. À leurs pieds s'étend une région qui semble ignorer la guerre : la plaine de Douai. La stagnation sur les pentes boueuses de la crête de Vimy a pris fin. Plus qu'un horizon nouveau, ce sont de nouvelles perspectives de victoire qui se découvrent.

Les 3e et 4e divisions opèrent à gauche, sur un terrain plus pentu, plus accidenté et donc plus difficile, entre le bois de la Folie et le point culminant de la crête, la cote 145. L'objectif final des deux divisions est ainsi nettement plus proche de leur ligne de départ. De l'autre côté des cratères de mines dont les parois boueuses sont escaladées à grand-peine, les tranchées allemandes sont informes. Elles ont été pulvérisées pendant la « semaine de souffrance ». Des prisonniers sont faits mais des isolés poursuivent une résistance désespérée. Les nids de mitrailleuses qui parsèment le bois de la Folie et les tireurs d'élite causent des pertes sensibles.

Si, dans un premier temps, au sud et au nord de la cote 145 les objectifs sont atteints sans trop de difficultés, il n'en va pas de même au centre, où les défenses sont plus puissantes. Là, les assaillants ne peuvent pas progresser. La bataille tourne au massacre. Cet échec remet en cause toute la situation de la 4e division, dont les éléments de droite doivent interrompre leur avance pour mettre en place un front défensif. En certains points, il

LES PRISONNIERS ALLEMANDS SONT EMMENÉS VERS L'ARRIÈRE.

POUR CHAQUE SOLDAT CANADIEN DISPARU UN ARBRE A ÉTÉ PLANTÉ.

LE MONUMENT CANADIEN DE VIMY.

faut même abandonner les positions fraîchement conquises. En désespoir de cause, une folle attaque est lancée par deux bataillons, sans soutien d'artillerie et dans un certain désordre. Contre toute attente, cette manœuvre de la dernière chance réussit et une partie des défenses allemandes tombe au soir du 9 avril. La témérité a triomphé de la logique guerrière.

Cela ne signifie pourtant pas que la victoire soit acquise. Ne pas déloger les Allemands de leur position fortifiée au sommet de la crête reviendrait à laisser peser une lourde menace sur le flanc gauche canadien. Jusqu'au 10 avril dans l'après-midi, la gauche de la 3e division se trouve en effet prise en enfilade par un feu nourri qui cause de lourdes pertes et compromet les travaux de retranchement. Le 10, la 4e division renouvelle ses assauts sur la cote 145. Au sud, les trois autres divisions canadiennes garantissent sa sûreté en établissant un solide front défensif. Dans l'après-midi, le succès est complet : tous les objectifs sont à présent conquis.

Mais la prise de la crête ne signifie pas pour autant la fin des opérations. Solidement retranchés sur la hauteur de la cote 119, surnommée « le Pimple » (la pustule), les Allemands continuent d'infliger des pertes aux Canadiens. Même si elle ne peut pas être remise en cause, la conquête de la crête restera précaire si rien n'est fait pour neutraliser cet ultime nid de résistance. Le 12 avril, c'est chose faite. Une fois l'assaut déclenché, le combat est rapide mais violent, sous des rafales de neige qui aveuglent les défenseurs. En deux heures la position est enlevée.

Selon les propres termes du général Currie, commandant la 1re division canadienne, la bataille est « un merveilleux succès, toutes les lignes ont été prises comme il avait été prévu, tous les bataillons se sont bien comportés. C'est le jour le plus glorieux que notre corps d'armée ait jamais connu. » Il s'agit en fait de l'un des plus éclatants succès de la guerre chez les Alliés. Là où Français et Anglais se sont épuisés en deux ans d'attaques stériles et meurtrières, les Canadiens réussissent en une journée et s'emparent sans coup férir d'une position formidable. Leur bilan est éloquent : plus de 4000 prisonniers, 54 canons, 104 *Minenwerfer* et 124 mitrailleuses sont capturés. Cette victoire est due en grande partie à la préparation méticuleuse de l'attaque, mais aussi à un emploi judicieux de l'artillerie. Même au nord, là où l'avance fut la plus limitée, le succès est total. L'ennemi est rejeté de l'autre côté de la crête. Il doit à présent se défendre sur la contre-pente et les Canadiens bénéficient à leur tour d'une vue imprenable sur ses arrières.

Conscients de l'ampleur de l'échec qu'ils viennent de subir, les Allemands se replient de trois kilomètres dans la nuit du 12 avril. Ce faisant, ils alignent leur front entre Oppy et Méricourt sur la ligne atteinte le 9 par les Canadiens au sud de la crête. Cette manœuvre est un aveu d'impuissance : ils ne seront plus en mesure de reprendre la crête de Vimy. C'est également une sage décision qui permet d'éviter de laisser des troupes dans une situation précaire.

LE SOUVENIR DE LA VICTOIRE

Cette bataille n'est pas un simple succès tactique. Il s'agit d'une victoire stratégique, dont le résultat dépasse très largement les espérances du haut commandement. Certes, son intérêt est limité par l'échec de l'offensive anglaise sur la Scarpe, puis par celui des Français sur le Chemin des Dames (le 16 avril). Mais la possession de la crête de Vimy implique un renversement total du rapport des forces au nord d'Arras. Délogés des hauteurs, les Allemands ne peuvent plus observer les arrières alliés. Au contraire, depuis la cote 145 il est désormais possible de voir sur plusieurs dizaines de kilomètres en direction de Lens et Douai. Tous les mouvements de l'armée allemande sont épiés, ce qui lui ôte l'initiative dans ce secteur. En 1918, ce handicap pèsera lourd sur la conduite des offensives de mars et avril.

Pourtant, la victoire n'a pas porté tous ses fruits. La percée n'a pas été réalisée. À partir du 10 avril, le temps exécrable interdit les reconnaissances aériennes et condamne par avance toute progression d'ensemble. L'exploitation d'une éventuelle rupture du front est donc impossible. De plus, la victoire n'a pas été obtenue sans pertes importantes : 3 598 Canadiens sont morts sur la crête de Vimy.

Néanmoins, cette bataille occupe une place considérable dans la mémoire collective canadienne. Il s'agit de la première opération d'envergure menée de concert par les quatre divisions. Il s'agit surtout de la première victoire totalement canadienne. En s'emparant de la crête de Vimy, les hommes du Corps canadien confirment leur valeur guerrière et prouvent leur cohésion au commandement britannique. Ce n'est pas un corps d'armée parmi d'autres qui a gagné la bataille du 9 avril 1917, mais bien une véritable armée nationale en émergence. Cette nuance est fondamentale, car l'écho international de la victoire vaudra au Canada de trouver sa place dans le concert des nations après la guerre. « Aussi loin que je pouvais voir vers le nord, le sud, sur toute la longueur de la crête, il y avait des Canadiens. Et j'ai fait pour la première fois l'expérience de la signification du mot nationalité », dira un vétéran. En écho, l'historien Donald J. Goodspeed a écrit : « Peu importe ce que les historiens pourront dire, c'est le lundi de Pâques, 9 avril 1917, et pas un autre jour, que le Canada est devenu une nation. »

Le souvenir de la victoire est perpétué aujourd'hui par un parc-mémorial, dont le terrain a été donné par la France au Canada. Ce parc, qui domine la plaine de Douai, englobe le bois de la Folie et la cote 145, c'est-à-dire la partie gauche du front d'attaque canadien du 9 avril 1917. Le spectaculaire monument commémoratif érigé sur le point culminant du promontoire est l'un des lieux de mémoire les plus grandioses et émouvants qui soient. Pour symboliser le double sacrifice des Canadiens et des Français dans la conquête de ces hauteurs, il se compose de deux pylônes : l'un porte la feuille d'érable canadienne et l'autre la fleur de lys française. Sa pierre blanche venue de la côte dalmate porte l'inscription : « À la vaillance de ses fils pendant la Grande Guerre, et en mémoire de ses soixante mille morts, le peuple canadien a élevé ce monument. » Sur les parois de son socle sont gravés les noms de 11 285 soldats canadiens morts en France et dont les corps n'ont pas été retrouvés.

Dessiné, ainsi que les statues qui l'entourent, par Walter S. Allward, le monument a été construit à partir de 1925 et inauguré le 26 juillet 1936, en présence d'une foule immense. À quelques dizaines de mètres, un modeste monument rappelle le souvenir des hommes de la Division marocaine qui, les premiers, avaient pris pied sur ce sommet le 9 mai 1915, pour un succès chèrement acquis et sans lendemain.

Plus au sud, près du bois de la Folie, les tranchées des premières lignes canadienne

LA PENTE D'OÙ L'ATTAQUE DES CANADIENS EST PARTIE.

et allemande ont été restaurées. Elles donnent une bonne idée de ce que pouvait être un réseau de tranchées, même si les sacs de terre originaux ont été remplacés par des reproductions... en ciment. Tout autour, le terrain de plus de 91 hectares constitue aujourd'hui un sanctuaire partiellement ouvert au public. La plus grande partie du parc est recouverte d'une forêt de résineux, à raison d'un arbre planté pour chaque soldat canadien porté disparu. Partout, le sol est bouleversé par les trous d'obus, de mines, et par les réseaux de tranchées. De nombreuses zones restent interdites, car le déminage n'y a pas encore été pratiqué. Pour tondre l'herbe, on fait paître ici des moutons.

Près des tranchées s'ouvre la « Grange Gallery », l'un des tunnels ayant servi à l'acheminement d'hommes et de matériel au matin du 9 avril 1917 ; c'est le seul qui soit ouvert au public. Pour d'évidentes raisons de sécurité, les étais, les madriers et les traverses d'origine ont été remplacés par des poutres en béton, mais l'endroit reste suffisamment évocateur de la vie de taupes des soldats de la Grande Guerre et de leurs souffrances. De loin en loin, des épaves d'armes, d'équipements, de pompes à eau et de générateurs électriques complètent le témoignage. À proximité, des cratères de mines béants nous rappellent toute l'horreur de la guerre souterraine. Plus loin sur la crête, deux d'entre eux ont été aménagés en espaces-mémoriaux. Il s'agit du « Zivy Crater », près de Thélus, et du « Lichfield Crater », en bordure du bois de la Folie.

La paix qui règne aujourd'hui dans le parc mémorial de la crête de Vimy ne saurait faire oublier le vacarme des combats. La terre bouleversée et les cimetières voisins témoignent de l'enfer qui, pendant trois années, a régné en ces lieux. Destination de promenade dominicale pour les habitants de la région et de pèlerinage pour les vétérans canadiens, symbole de la naissance d'une nation moderne sur les ruines d'un champ de bataille, ce lieu de mémoire incite au recueillement et à la réflexion, mieux sans doute que tous les livres d'histoire.

ÉRIC LABAYLE

LE MONUMENT AUX MORTS DU CANADA PROJETTE SON OMBRE MAJESTUEUSE SUR LA PENTE VERS LA PLAINE DE DOUAI.

LES PRÉPARATIFS DE L'OFFENSIVE DU CHEMIN DES DAMES.
UN CANON HISSÉ PAR DES ARTILLEURS
DANS LE SECTEUR DU MOULIN DE LAFFAUX.

LE PLATEAU DU CHEMIN DES DAMES.

Le Chemin des Dames 1917

Une route départementale relie transversalement les nationales Soissons-Laon et Reims-Laon. Elle suit le tracé du Chemin des Dames. Ce nom évoque le souvenir des filles de Louis XV, Mesdames Adélaïde et Victoire, qui l'empruntaient pour se rendre en villégiature chez leur ancienne gouvernante, Françoise de Chalus, en son château de la Bove. Le Chemin des Dames court au sommet du plateau crayeux long de 25 kilomètres entre les vallées de l'Aisne au sud et de l'Ailette au nord, qu'il domine d'une centaine de mètres. La guerre au fil des siècles a choisi ce lieu pour en faire un champ de bataille. Jules César en 58 av. J.-C., Jeanne d'Arc en 1429 ou Napoléon en 1814 s'y sont battus. En septembre 1914, de violents combats s'y déroulent, mais c'est en avril 1917 que le Chemin des Dames devient tragiquement célèbre.

Le 15 décembre 1916, la bataille de Verdun se termine. Le haut commandement allemand renonce à prendre la ville qu'il attaque depuis février. Le sacrifice consenti est lourd, les pertes énormes, les armées sont épuisées. Les déboires de la bataille de la Somme aggravent encore le malaise ambiant. Le sentiment se fait jour qu'il faut en finir. De nouvelles méthodes de combat ont été employées avec succès, de nouveaux hommes sont apparus avec de nouvelles idées. Il est temps de remplacer le général Joffre. Le 26 décembre, il est élevé à la dignité de maréchal de France et un successeur lui est donné.

Le général Robert Nivelle (1858-1924), nommé commandant en chef des armées du Nord et du Nord-Est, a connu une ascension rapide. Colonel en 1914, il est général de brigade en octobre et général de division en mars 1915. En mai 1916, il commande la 2e armée devant Verdun. Les opérations qu'il a conduites à l'automne lui ont donné le succès. Il est convaincu qu'il détient la clé de la victoire : « L'expérience est concluante, notre méthode a fait ses preuves. » De nouveaux canons pour raccourcir les délais de préparation de l'attaque, et plus de pièces pour écraser les positions de l'ennemi, sont les éléments de la nouvelle tactique qu'il entend appliquer pour percer le front. Ce polytechnicien est énergique et décidé, capable d'assumer ses responsabilités, mais sourd aux remarques qui lui sont faites.

Les premiers mois de 1917 sont très rudes pour les Alliés. L'année 1916 ne leur a apporté aucune évolution favorable. La perspective d'une victoire s'est éloignée au point que les hommes ne voient plus d'issue à leur combat. La guerre sous-marine à outrance lancée par les empires centraux le 1er février 1917 pour casser le blocus dont ils sont l'objet

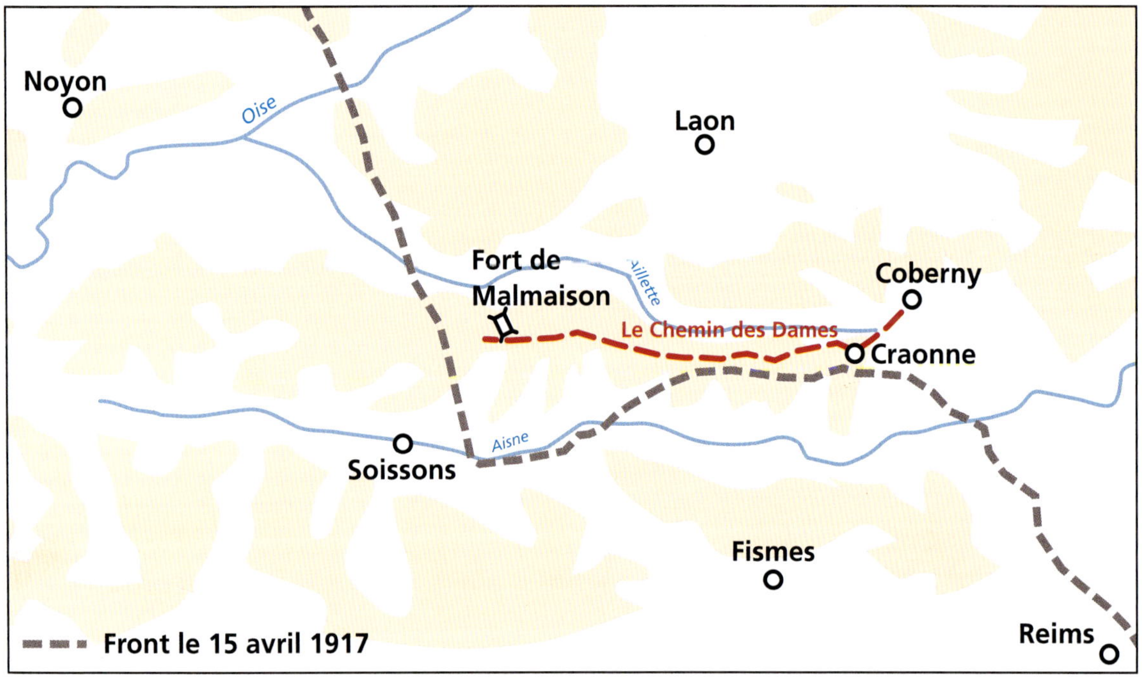

menace les approvisionnements des Alliés [...]. Les craintes que ceux-ci nourrissent après la révolution russe de février 1917 sont en partie balayées quand le gouvernement Kerenski déclare vouloir continuer la guerre, mais l'armée russe commence à flancher. L'entrée en guerre des États-Unis, votée le 6 avril, nous redonne un nouvel espoir; cependant, l'action des troupes américaines ne peut être immédiatement efficace.

LE PLAN DE NIVELLE

Nivelle, rompant avec la façon de faire de son prédécesseur, entend mettre un terme à la guerre d'usure et passer à la guerre de rupture en lançant une vaste offensive pour profiter de la supériorité numérique des Alliés qui disposent de 180 divisions (110 françaises, 63 britanniques, 6 belges et 1 russe); les Allemands ne peuvent en opposer que 152. Il veut, entre Soissons et Reims, « rompre d'un seul coup, par une attaque brusquée, en 24 ou 48 heures » le front allemand, tout en fixant l'ennemi à l'ouest. Son plan prévoit une attaque britannique soutenue par l'armée du Nord (Franchet d'Esperey), quelques jours avant le déclenchement de l'action principale menée sur le front de l'Aisne par un groupe d'armées de réserve (G.A.R.). Ce dernier, confié au général Micheler, est composé des 5e et 6e armées commandées par les généraux Mazel et Mangin, appuyées par deux groupements d'artillerie d'assaut (les chars) et une puissante artillerie à longue portée. La rupture du front allemand obtenue, une armée d'exploitation commandée par le général Duchêne (10e armée) doit lancer l'offensive de grand style pour emporter la décision. La date du déclenchement des opérations est fixée au 8 avril 1917.

Ce plan soulève des réserves de la part de militaires et d'hommes politiques, dont le général Haig, qui commande l'armée britannique, le général Lyautey, ministre de la Guerre depuis le 12 décembre 1916, Paul Painlevé, son successeur, et le général Pétain.

Quand les Allemands opèrent, entre le 15 et le 19 mars 1917, un repli stratégique qui raccourcit leur front de 70 kilomètres, le dispositif initial des armées françaises doit être modifié et de nouvelles bases de départ préparées. Le secret de l'opération est éventé, sans que cela trouble le moins du monde Nivelle. L'ennemi, informé depuis janvier de l'offensive qui se prépare, en détient même le plan, trouvé sur le cadavre d'un sous-officier. Il se tient prêt et bétonne ses positions. La ligne Hindenburg est dressée.

Devant l'avalanche des critiques, un conseil de guerre se tient à Compiègne le 6 avril autour du président de la République. Toutes les objections des commandants de groupes d'armées (Castelnau, Debeney, Pétain), les appels à la prudence et les propositions de Painlevé d'attendre les renforts américains sont rejetés. Nivelle s'en tient à son ambition de « la rupture qui doit mener les fantassins jusqu'aux emplacements de l'artillerie ennemie, au-delà des troisième et quatrième positions ». Quand Poincaré lui demande s'il peut enlever les trois lignes allemandes comme le prévoit Nivelle, Micheler répond: « La première: oui. Pour la deuxième, je dis: peut-être. Quant à la troisième: je n'en sais rien. » Pétain résume sa pensée en deux questions et deux réponses: « Avons-nous des forces suffisantes pour une offensive destinée à l'enlèvement des premières lignes ennemies? – Oui. Avons-nous des forces suffisantes pour pousser plus loin l'opération? – Non. »

À deux jours du déclenchement de l'attaque, alors que la préparation d'artillerie a commencé, il n'est plus temps de modifier le plan. Il ne peut être que retiré ou approuvé. Il est finalement entériné lorsque Nivelle déclare vouloir démissionner s'il n'est pas suivi. Il est sûr de son fait et se donne trois jours pour obtenir des résultats significatifs. Si tel n'était pas le cas, il arrêterait l'offensive. Le gouvernement cède devant la menace de la crise.

Le 2 avril, la préparation d'artillerie commence. 5286 canons, disposant de 23 millions d'obus de 75 et de 9 millions d'obus lourds, ouvrent le feu. Cette concentration permet d'aligner une pièce tous les 12 mètres de front. Le 9, l'attaque britannique part devant Arras et en vingt jours pénètre de 10 kilomètres à l'intérieur du dispositif allemand. Les Canadiens enlèvent la crête de Vimy. Ce succès tactique conforte la position de Nivelle. Comme prévu, le 16, à la levée des tirs de l'artillerie, les fantassins se lancent à l'assaut du Chemin des Dames. Le moral des troupes est bon. La France

UN CHAR BRITANNIQUE.

LE CONDUCTEUR ET LES SERVANTS
D'UN CHAR SAINT-CHAMONT.

FANTASSINS ALLEMANDS SURGISSANT
D'UN BROUILLARD MÉPHITIQUE.

engage là ses dernières réserves: 44 divisions d'infanterie dont 5 coloniales, appuyées encore – ce qui permet de prendre la mesure de l'évolution des conditions de la guerre depuis 1914 – par 128 chars, 47 escadrilles d'observation, 8 escadrilles de chasse et 39 ballons captifs.

Les Allemands sont solidement établis, avec la VIIe armée du général von Boehn à l'ouest et l'armée du Kronprinz à l'est. Ils bénéficient de magnifiques postes d'observation vers la vallée de l'Aisne d'où partent les Français. Ils ont tiré tout le parti possible du terrain en aménageant des retranchements dans les *creutes* au bord du plateau qu'ils occupent depuis septembre 1914 et qui est resté un secteur calme. Ils ont installé des postes de commandement, des dépôts de vivres et de munitions, des dortoirs et des emplacements de combat, des infirmeries. Ils se servent du réseau des galeries creusées dans le calcaire ou de vastes espaces comme la caverne du Dragon, qu'ils ont équipée d'un puits, d'une chapelle et même d'un cimetière. Ils disposent de l'électricité. La montée vers le plateau se fait par des pentes raides, à partir des vallées encaissées de l'Aisne, qui séparent les nombreuses ramifications de la ligne de crête.

Lorsque, le 16 avril, les hommes sortent des tranchées au petit matin, ils sont assaillis par des bourrasques de pluie et de neige. Le mauvais temps rend la progression difficile et gêne l'action de l'artillerie. À Compiègne, où il a installé son quartier général, Nivelle attend longtemps les comptes rendus de l'attaque. C'est mauvais signe. Il apprend enfin que les premières positions sont enlevées, mais qu'à l'est du Chemin des Dames, à Craonne, les Allemands ont tenu et repoussé les assaillants sur leur ligne de départ. De nombreux prisonniers sont faits mais aucun canon n'est enlevé. La résistance allemande est déconcertante.

Au fur et à mesure que les unités progressent vers le plateau, pas au-delà de 500 mètres de la ligne de départ cependant, de nombreux nids de mitrailleuses se dévoilent, qu'il faut prendre d'assaut. Nos soldats se heurtent à la première ligne – tenue par une infanterie aguerrie – qui est à peine entamée par la préparation d'artillerie, en raison même de la volonté de Nivelle de tirer dans la profondeur sur les trois lignes successives. Une moindre densité d'obus et les mauvaises conditions climatiques rendant l'observation difficile expliquent cette déconvenue. L'artillerie allemande est dans la même situation et ses tirs en début de journée sont imprécis et peu denses. En milieu de journée, le temps s'améliorant, l'aviation allemande entre en scène et impose sa supériorité pour mitrailler les troupes au sol.

Les combats sont très meurtriers et les troupes s'épuisent. La progression moins rapide que prévu au plan d'opération provoque le découplage de l'infanterie et du barrage roulant qui la précède. Le rythme d'un bond de 100 mètres toutes les trois minutes est impossible à suivre par les fantassins, durement accrochés par l'ennemi. Bientôt privés de la protection du barrage qui s'éloigne de plus en plus, au point de se perdre au-delà de la ligne de crête, ils se retrouvent seuls face aux mitrailleuses et aux organisations défensives des Allemands. Les pertes s'accumulent.

Les attaques des armées Mangin et Mazel ne sont pas coordonnées. Chacune combat seule.

À gauche, Mangin (6e corps d'armée), a pour « objectif minimum à atteindre en fin de journée » les hauteurs nord de la

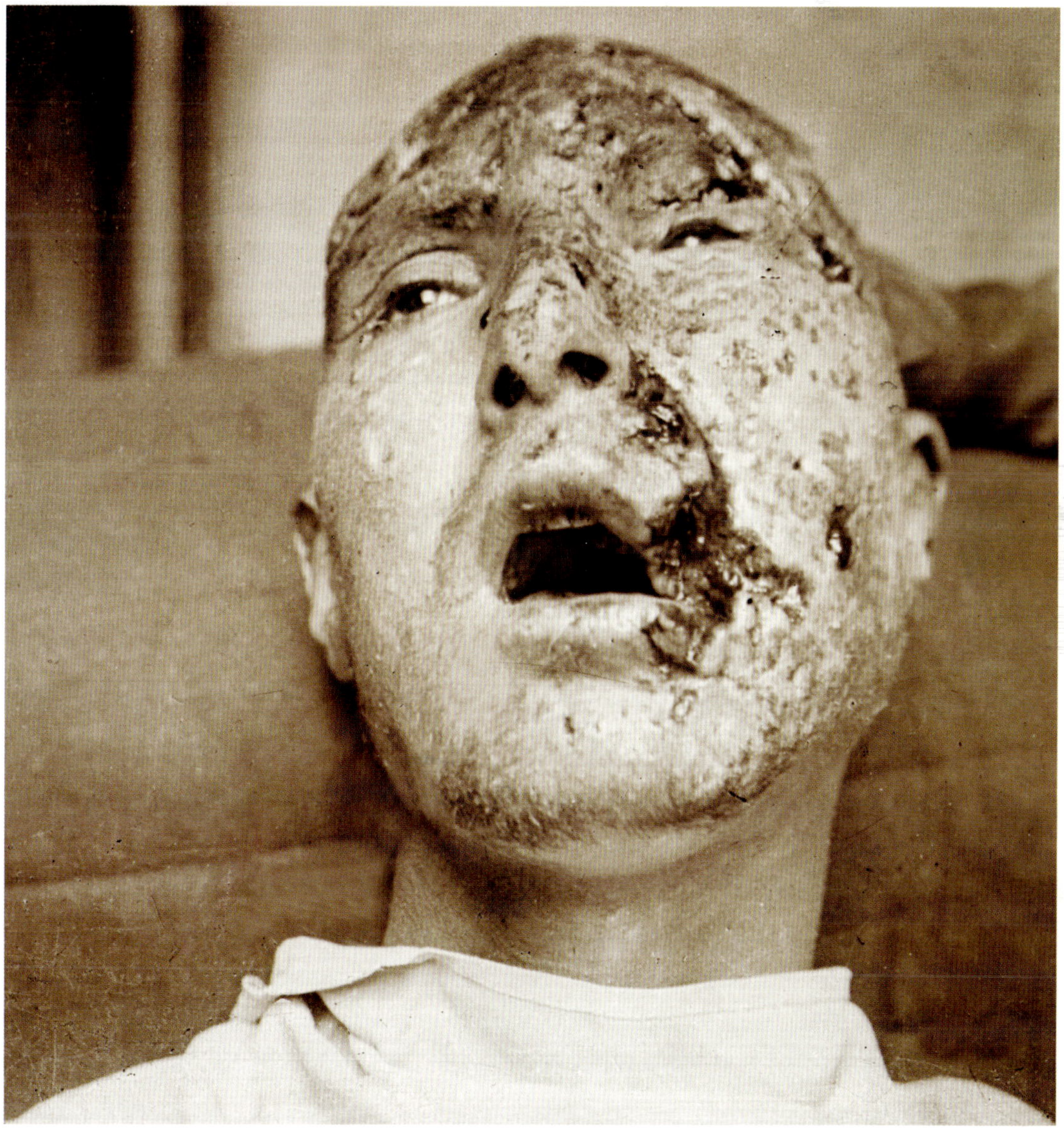

POUR LUI, PLUS RIEN NE SERA JAMAIS COMME AVANT.

SECTEUR DE SUZANNE. LA RELÈVE.

vallée de l'Ailette. Il rencontre une résistance appuyée sur des abris bétonnés, qui arrête sa progression. S'il parvient à prendre pied sur le plateau de Laffaux, il en est rejeté au cours de l'après-midi. La 10e division coloniale, commandée par le général Marchand, le héros de Fachoda, subit de très lourdes pertes (150 officiers et 5 000 hommes dont la moitié de Sénégalais). En fin de journée, le général commandant la 15e division d'infanterie coloniale, au vu de l'état de ses hommes, rend compte qu'« il ne peut leur être demandé d'entamer un nouvel effort offensif ».

L'ENTÊTEMENT DU GÉNÉRALISSIME

À droite du dispositif, l'armée Mazel – dont seul le 1er corps d'armée intervient directement dans le secteur du Chemin des Dames – a pu progresser et s'établir sur le sommet. En fin de journée elle a enlevé la première ligne allemande et entamé la deuxième entre Craonne et la Miette ; elle a fait 7 000 prisonniers. Mais trois de ses divisions sont détruites et deux autres ont beaucoup souffert. Le 1er corps d'armée a perdu dans la journée 170 officiers et 6 500 hommes.

Le même matin, les chars attaquent à Berry-au-Bac. Ce premier emploi des tanks suscite une vague d'espoir, mais il faut bien vite déchanter. Un sur deux des lourds Schneider des groupements Chaubès et Bossut lancés vers la deuxième position allemande, d'où l'artillerie en fait une hécatombe, est détruit. De nombreux équipages sont tués, le plus souvent brûlés vifs dans leurs engins. L'attaque des chars est un échec.

Le 16 avril au soir, Nivelle confirme ses ordres pour le lendemain, mais il inverse les rôles des deux armées. Mazel doit fournir l'effort principal, que Mangin doit soutenir en fixant l'ennemi. Ce 17 avril, l'attaque est complétée en Champagne par l'action du groupe d'armées du Centre commandé par Pétain. La 4e armée parvient à prendre le mont Cornillet et le mont Sans-Nom, mais ne peut déboucher. Petit succès pour cette armée qui devait passer à l'exploitation dès le lendemain. Le 18, Mangin progresse un peu. Attaquant entre les armées Mangin et Mazel, la 10e armée de Duchêne atteint la deuxième ligne, mais ne peut aller au-delà.

Ces maigres résultats sont payés au prix fort. À la fin du troisième jour de combat, le 418e régiment d'infanterie a perdu 31 officiers et près de 1 100 hommes ; une de ses compagnies est commandée par un simple soldat. À Micheler qui estime le 20 avril que les pertes, la fatigue des troupes qui doivent être relevées, les conditions atmosphériques et l'état des approvisionnements en munitions ne permettent plus que de consolider les positions conquises, Nivelle répond qu'il compte sur lui « pour activer inlassablement les préparatifs des opérations prescrites ». Mangin, de son côté, n'est pas en reste et veut toujours attaquer.

Dès le 16, dans l'après-midi, le bruit circule à Paris que l'offensive a échoué. Plus les jours passent, plus les informations reçues confirment que le succès fulgurant attendu de la méthode Nivelle n'est pas au rendez-vous. Alors qu'il apparaît bientôt qu'il faut mettre un terme à ce que Pierre Renouvin décrit comme une « vaine bataille », et que la guerre d'usure qu'il avait tant critiquée chez Joffre s'impose à lui, Nivelle s'entête. Il ne veut plus quitter son poste. Plus question de démission. Le 25 avril,

POSTE DE SECOURS.

il prétend même, devant le gouvernement, avoir remporté « la plus importante de toutes les victoires stratégiques » de la guerre. La pusillanimité de Painlevé l'empêche de prendre une décision rapidement. Les choses traînent en longueur. Pendant ce temps, les hommes meurent au Chemin des Dames.

Chaque point du plateau, chaque ferme, chaque *creute,* chaque vallon est tenu fermement par les Allemands, occupé, défendu avec détermination, repris par une contre-attaque dès que perdu. Toute action est un effort coûteux en hommes. La ténacité des uns se heurte à l'acharnement des autres. Les pertes deviennent considérables, presque insupportables: 102 043 hommes. 766 officiers et 16 130 hommes sont tués, 1 848 officiers et 63 284 hommes sont blessés, 215 officiers et 19 800 hommes sont portés disparus ou faits prisonniers entre le 16 et le 30 avril. Le 10 mai, les pertes sont portées à 139 589 hommes, dont 24 179 morts, 89 819 blessés et 25 591 disparus et prisonniers.

PÉTAIN REMPLACE NIVELLE

Devant la souffrance des soldats, les chefs, si endurcis soient-ils, finissent par douter. La valse des généraux commence. Blondlat est relevé le 19 avril par Mangin, que Nivelle sacrifie deux jours plus tard: « Je pense que le général Nivelle pensait jeter du lest en me lançant par-dessus bord. » Mazel ne tarde pas à être limogé à son tour. Il faut maintenant régler le cas du commandant en chef. À plusieurs reprises convoqué devant le conseil de guerre, Nivelle, toujours beau parleur, parvient à se maintenir, en raison des divergences de vues des ministres. Le 11 mai, quand il reproche à Painlevé de s'être immiscé dans la conduite des opérations qui est sa prérogative, les hommes politiques font bloc contre lui et le destituent. Le 15 mai, le gouvernement confie « à M. le général de division Pétain le commandement des armées du Nord et du Nord-Est ». Dans *La France et son armée,* de Gaulle écrit: « Du jour où l'on dut choisir entre la ruine et la raison, Pétain s'est trouvé promu. »

Lorsque Pétain arrive à la tête des armées françaises, elles sont en état de rupture, non du fait de l'ennemi qu'elles affrontent toujours, mais du fait d'un mal qui les ronge de l'intérieur. L'échec d'avril porte un coup d'autant plus grave au moral des combattants que l'offensive avait fait naître l'espoir, entretenu par Nivelle, d'une percée décisive. Les pertes subies semblent vaines: « On a fait massacrer trop de monde sans résultat », dit un mutin du 370e régiment d'infanterie.

Les troupes en ligne restent à leur poste, mais dès le 20 mai des mutineries éclatent dans une quinzaine de corps d'armée. Le mouvement culmine le 2 juin. La 6e armée manque de sombrer dans l'anarchie. L'attaque prévue le 3 juin doit être différée, le commandement n'ayant que deux divisions dont il soit sûr. À danger mortel, mesures exceptionnelles: le 10 juin, il est porté à la connaissance des unités que les conseils de guerre sont maintenus mais que les délais légaux sont abrogés, que les procédures de révision sont supprimées dans les cas de refus collectifs d'obéissance et que le président de la République abdique momentanément son droit de grâce entre les mains du commandant en chef. Le « rappel à l'ordre brutal dans un coup de cafard » (Painlevé) produit l'effet attendu. Plus aucun refus collectif d'obéissance ne se produit.

Dès sa prise de commandement, Pétain mène deux actions complémentaires. D'une part il réprime les mutineries sans excès, d'autre part, en « médecin de l'armée » (Jean de Pierrefeu), il apporte des remèdes à ses maux chroniques. Le nombre total des actes collectifs d'indiscipline recensés entre le 29 avril et la fin de septembre 1917 s'élève à 250 dont 110 qualifiés de « sérieux ». 2 656 désertions devant l'ennemi et 25 579 à l'intérieur révèlent l'ampleur de la crise. Les conseils de guerre prononcent 544 condamnations à mort. Pétain étudie chaque cas avant de prendre sa décision. La plupart des condamnations sont commuées. 49 hommes sont fusillés.

L'action de Pétain sur le moral des combattants comporte toute une série de mesures concrètes annoncées et exécutées,

CRAONNE. DES PRISONNIERS ALLEMANDS ASSOIFFÉS
RECUEILLENT L'EAU CROUPIE DES CHEMINS.

L'ANCIENNE ZONE ROUGE AU CHEMIN DES DAMES.

comme l'aménagement de cantonnements sains et aussi confortables que possible, l'instauration de permissions accordées au rythme – respecté – de 10 jours tous les quatre mois. Il demande la création de fourragères aux couleurs du ruban de la Médaille militaire et de celui de la Légion d'honneur. Le plus souvent, il remet lui-même ces distinctions. Surtout, il visite toutes les divisions une à une, parlant aux hommes le langage de la fermeté pour réprimer toute velléité d'indiscipline, mais s'adressant à eux de façon directe et simple, sachant les écouter et répondre à leurs attentes par des décisions rapides et suivies d'effet.

Les Allemands tiennent toujours le Chemin des Dames. Aussi Pétain décide-t-il de préparer une nouvelle attaque. « Le Chemin des Dames, écrit-il, jouit d'une mauvaise réputation. Il nous faut à tout prix la certitude de réussir et la première condition est une supériorité en artillerie. » Du 17 au 23 octobre 1917, la préparation d'artillerie, guidée par l'observation aérienne, déverse trois millions d'obus sur les positions allemandes. Quand l'infanterie, appuyée par une soixantaine de chars dont elle a appris à se servir, se lance à l'assaut le 23 au matin, elle occupe facilement la Malmaison, que l'artillerie a conquise. La contre-attaque allemande est hachée par l'artillerie. L'ennemi reflue sur l'Ailette. Dans la nuit du 1er au 2 novembre, il se retire du plateau. Le Chemin des Dames, de Laffaux à Craonne, est aux mains des Français.

À la fin du mois de mai 1918, la troisième offensive de Ludendorff emporte le Chemin des Dames et tout est à refaire. Mais, à cette date, l'Allemagne lance dans la bataille ses dernières forces. L'entrée en guerre des États-Unis et la puissance des Alliés assurent la victoire. « J'attends les Américains et les chars », avait dit Pétain en prenant son commandement.

HIER ET AUJOURD'HUI

Aujourd'hui, le Chemin des Dames est bordé de monuments commémoratifs et de cimetières militaires, dont le nombre dit l'âpreté des combats. La nécropole nationale de Cerny-en-Laonnois regroupe depuis 1924 plus de 5 000 soldats français et, tout près, un cimetière terminé en 1928 recueille les restes de plus de 7 000 combattants allemands. La moitié des hommes qui reposent là sont des inconnus, dont les corps déchiquetés n'ont pu être identifiés. Au nord de la route, en face des cimetières, le mémorial de la bataille, inauguré en 1951 faute d'avoir pu l'être plus tôt, comprend une chapelle et une lanterne des morts assez haute pour être vue des cathédrales de Soissons, Laon et Reims, au centre du triangle de feu où tant d'hommes sont tombés. C'est en ces lieux que le 8 juillet 1962 le général de Gaulle et le chancelier Adenauer se sont recueillis ensemble, répondant aux vœux des fondateurs de ce mémorial, qui en attendaient « la réconciliation des peuples par le souvenir de leurs fils morts en s'opposant sur ce champ de bataille », dans cette « guerre civile entre Européens », comme l'avait décrite Lyautey dès l'annonce des hostilités.

Beaucoup des unités qui combattirent ont tenu à élever un monument en hommage à leurs morts, pour rappeler leur sacrifice, même après la disparition de tous les combattants. Le parcours du souvenir va du moulin de Laffaux, à l'ouest, au monument de Berry-au-Bac, à l'est.

Le monument des crapouillots se dresse à l'entrée du village de Laffaux. Élevé à la mémoire des artilleurs de tranchée, il a la forme de la torpille à ailettes que leurs mortiers tiraient. Plus loin, avant l'entrée du Chemin des Dames, le monument des fusiliers marins évoque les combats de 1918 qui leur valurent leur sixième citation à l'ordre de l'armée. Au carrefour de la route et du Chemin des Dames, l'immense calvaire de Chavignon, haut de 10 mètres, s'élève en hommage à tous les combattants. Plus loin, le monument aux morts du régiment d'infanterie coloniale du Maroc inauguré en 1934, et la stèle placée à 500 mètres de là, rappellent le prix payé pour prendre le fort de la Malmaison. De nombreuses tombes ou stèles individuelles jalonnent encore la route qui aboutit à la caverne du Dragon où, dès 1920, un guide fait visiter la *creute,* et où un musée est ouvert en 1969 et rénové en 1995.

Devant la ferme d'Hurtebise, un monument dû au ciseau de Real del Sarte associe dans un même hommage les combattants de 1814 et de 1914 qui

UNE CREUTE.

LE CIMETIÈRE MILITAIRE
DE BERRY-AU-BAC.

moururent sur le même champ de bataille à un siècle de distance. Sur le plateau de Californie tout proche, à l'occasion du 80e anniversaire de la bataille, une œuvre intitulée : « Ils n'ont pas choisi leur sépulture » a été érigée pour perpétuer le souvenir de tous les anonymes morts en ce lieu. Les anciens combattants de la 36e division d'infanterie, originaires pour la plupart des Pyrénées, ont fait construire un immense monument de 14 mètres de haut, au pied duquel un Basque en costume traditionnel regarde, songeur, le champ de bataille, sur lequel ses compagnons se sont battus en septembre 1914, puis en mai 1917 quand ils ont pris le plateau de Californie. Enfin, à la ferme du Choléra, le monument aux morts des chars d'assaut a été placé au point de départ de l'attaque du 16 avril 1917. Aux cimetières installés le long du Chemin des Dames, il faut ajouter ceux du secteur : 7 cimetières français, 9 allemands, 3 britanniques et 1 italien.

Les pertes et les souffrances endurées, sans que l'issue en soit visible, expliquent à elles seules les mutineries. Le sentiment de l'inutilité de leur combat et de leur mort a poussé les hommes au désespoir. C'est le refus de mourir pour rien qu'exprime la *Chanson de Craonne,* plus que la révolte contre la guerre. Les mutineries ont eu lieu en arrière du front, pas face à l'ennemi qui n'en a rien su et n'a pu en profiter. Les hommes en ligne sont restés à leur poste. Ils ont refusé d'attaquer, mais n'ont pas voulu se rendre. Le malaise que les Français ressentent toujours à évoquer cette bataille et ses suites vient aussi de la répression des mutineries, sans doute nécessaire, mais difficile à comprendre en temps de paix.

« 1917, année trouble », dit Poincaré dans ses Mémoires. Elle ne s'achève pas au Chemin des Dames. La révolution d'Octobre sort la Russie de la guerre. Les Allemands jettent sur le front français les divisions libérées par cette défection. Les Américains arrivent en France mais ne sont pas encore en mesure de prendre vraiment part à la guerre. L'année se termine plus mal encore qu'elle n'a commencé.

CHRISTIAN BENOIT

LE 30 MARS 1918, DIXIÈME JOUR DE LA GRANDE OFFENSIVE
DE LUDENDORFF EN PICARDIE.
UN CADAVRE ALLEMAND À PLESSIS-LE-ROYE.

AU PIED DU BOIS DE BELLEAU.

La Marne, 1918

Le bois de Belleau

Le département de l'Aisne, en Picardie, s'étend de l'Île-de-France à la frontière belge, entre la Marne et les Ardennes à l'est, et l'Oise et la Somme à l'ouest. Aucun accident du relief ne lui procure de frontière naturelle et ses grands plateaux élevés consacrés à l'agriculture sont devenus à travers l'histoire le chemin des invasions. Seules les rivières courant au fond des vallées profondes ont pu ralentir l'avance des troupes en coupant leur route. À Château-Thierry, la Marne est encaissée et forme une vallée dont les versants constituent de remarquables observatoires et emplacements de tir. La forêt couvre un cinquième de la superficie du département et de grands bois offrent des cheminements et des retranchements aux adversaires, en même temps qu'ils les privent souvent de vue lointaine.

Le bois de Belleau, situé entre le village du même nom et Lucy-le-Bocage, à quelques kilomètres au nord-ouest de Château-Thierry, fut en juin 1918 le lieu de violents combats entre les Allemands et la 2e division d'infanterie américaine.

Réélu pour un second mandat le 7 novembre 1916 sur le slogan « Il nous a préservés de la guerre », donné comme une garantie pour les quatre années à venir, le président Wilson s'en est tenu longtemps à cette position de non-intervention, adoptée quand le conflit avait éclaté entre les nations européennes. Les volontaires américains qui s'étaient engagés dans l'enthousiasme de l'été 1914 aux côtés de la France l'avaient fait en bravant son interdiction de prendre parti. Mais, au début de l'année 1917, sa conviction est faite. L'Allemagne s'en prend aux intérêts américains, notamment par la guerre sous-marine qu'elle mène dans l'Atlantique. Le 2 avril, il s'adresse au Congrès : « La guerre actuelle de l'Allemagne contre le commerce est une guerre contre l'humanité ; c'est une guerre contre toutes les nations. [...] Je demande au Congrès de déclarer que la récente conduite du gouvernement impérial allemand n'est, en fait, rien de moins que la guerre contre le gouvernement et le peuple des États-Unis. » Quatre jours plus tard, le Congrès vote la guerre.

L'armée américaine ne compte que 125 000 hommes – alors qu'en 1914 l'armée française, en temps de paix, en alignait 880 000. Ses régiments, chargés de protéger les frontières méridionales du pays, ne sont pas regroupés en brigades et divisions permanentes, et ne sont pas entraînés aux actions combinées. Elle ne dispose d'aucun état-major pour conduire une armée en campagne. Son expérience du combat est réduite. Ses

LES SAMMIES AU FEU.

généraux et les plus anciens de ses officiers n'ont connu, pour ceux qui y ont pris part au cours des trente dernières années, que les corps expéditionnaires des Philippines et de Chine. Le plus souvent elle a combattu en Amérique. Ses plus récentes opérations l'ont conduite à Cuba et au Mexique. Jamais depuis la guerre de Sécession elle n'a affronté un ennemi doté de puissants moyens d'appui. Cependant, l'État-Major général, à l'insu de Wilson, a commencé en 1916 à étudier la guerre en Europe et à envisager des réformes.

Au corps expéditionnaire destiné à combattre en France, un chef est donné. Le choix de John Joseph Pershing (1860-1948) déplaît à la plupart des généraux. Cet ancien élève de l'académie militaire de West Point, cet officier de cavalerie qui a connu les guerres indiennes, qui a été cité à Cuba en 1898, qui a lutté quatre ans contre les rebelles philippins (1899-1903), qui a servi comme attaché militaire au Japon en 1905 où il a suivi en observateur la guerre russo-japonaise, a connu une promotion inhabituelle qui l'a fait passer du grade de commandant à celui de général. Depuis, chacun va répétant que les relations politiques de son beau-père, sénateur du Wyoming, plus que ses qualités militaires, expliquent cet avancement décidé par le président Theodore Roosevelt. En 1908-1909, il a été envoyé comme observateur de la première guerre balkanique avant de retourner aux Philippines. En 1914, il a été affecté sur la frontière mexicaine et en 1916-1917, il a commandé l'expédition punitive lancée contre Pancho Villa, mais n'est pas parvenu à le prendre.

Au temps de son séjour à West Point comme instructeur, les élèves avaient affublé Pershing du surnom de « Nigger Jack », pour dénoncer sa façon de les rudoyer, qui ne pouvait être à leurs yeux que celle acquise au commandement des Noirs. Pendant la Grande Guerre, les journalistes rendirent le surnom plus présentable en l'appelant « Black Jack » Pershing. Il n'avait en effet rien perdu de son exigence ni de sa dureté dans le commandement.

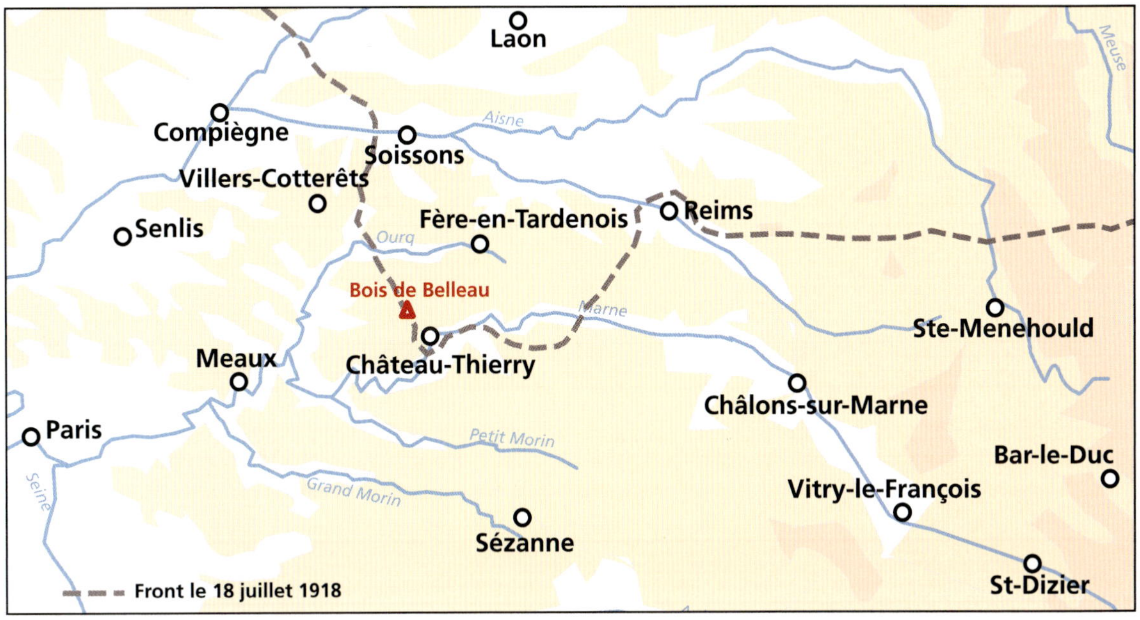

« LA FAYETTE, NOUS VOILÀ »

Cet homme rude, meurtri par la mort de sa femme et de ses trois filles brûlées vives dans l'incendie de leur maison alors qu'il était au Mexique, reçoit le commandement d'une armée de 27 000 hommes. C'est l'avant-garde de l'armée nationale (National Army) que la loi du 18 mai 1917 permet de lever grâce à l'enrôlement des volontaires, complété par l'incorporation des conscrits aux côtés de l'armée régulière (Regular Army) composée de volontaires et de la garde nationale (National Guard), réserve active formée dès le temps de paix.

Pershing arrive en France le 13 juin 1917, suivi le 26 par les premiers contingents de la 1re division d'infanterie débarquant à Saint-Nazaire. L'accueil est enthousiaste. Le 4 juillet, un bataillon du 16e régiment d'infanterie parade dans les rues de Paris pour la fête nationale américaine au milieu d'une foule qui le couvre de fleurs. Lors d'une cérémonie dans la cour d'honneur des Invalides – en présence du président de la République Raymond Poincaré, du maréchal Joffre qui, au printemps, a conduit une mission de propagande en faveur du recrutement en Amérique, du général Foch, commandant en chef des armées alliées –, Pershing reçoit son fanion de commandement des mains de descendants d'officiers français de la guerre d'Indépendance conduits par le marquis de Dampierre. À cette occasion, le drapeau américain que les volontaires de 1914 avaient arboré dans les rues de Paris est remis au musée de l'Armée. La présence de Pershing officialise leur engagement et reconnaît leur esprit précurseur. C'est à l'issue du défilé que Pershing va se recueillir sur la tombe de La Fayette au cimetière de Picpus. Contrairement à la légende, ce n'est pas lui, mais un officier de son état-major, le colonel Stanton, qui prononce le célèbre « La Fayette, nous voilà ! ».

Ces troupes qui débarquent, venues tout droit du Mexique, n'ont que leurs fusils et ne disposent d'aucun appui, aucun canon notamment. L'état-major de la 1re division a fait la connaissance des régiments placés sous son autorité sur les quais d'embarquement, le jour du départ pour la France.

Ce qui manque aux Alliés, ce sont les hommes. Depuis le début de la guerre, les Français en ont déjà perdu un million. Pour les Alliés, le plus urgent est de préparer l'envoi au feu des régiments améri-

LE VISAGE ENSANGLANTÉ DE LA JEUNESSE.

cains, en leur fournissant tout le matériel dont ils ont besoin.

Pershing installe son état-major à Chaumont (Haute-Marne). Il commence par mettre sur pied un corps de doctrine pour l'entraînement de ses unités. Il est aidé dans sa tâche par les armées française et anglaise qui lui fournissent instructeurs, cantonnements, matériels, terrains d'entraînement, et transmettent leur expérience de la guerre. Les unités américaines apprennent des Français l'emploi des grenades, du fusil-mitrailleur, du canon de 37 mm, de la mitrailleuse, ainsi que l'organisation du terrain ; les Anglais leur font connaître le mortier Stokes, la conduite des reconnaissances, l'utilisation de la baïonnette et le tir. Un plan de formation d'officiers d'état-major est dressé qui, au moyen de stages de trois mois, alimente les états-majors des divisions et corps d'armée mis sur pied l'un après l'autre. Des écoles s'ouvrent pour former les hommes nécessaires : artilleurs, aviateurs, policiers militaires, sapeurs, mitrailleurs, spécialistes du renseignement, des gaz, et même musiciens et dentistes, sont peu à peu instruits. Au contact de leurs alliés, les Américains se familiarisent avec leur conception tactique d'emploi des unités dans une guerre de tranchées.

Pershing veut avoir le plus vite possible son autonomie de décision, mais la formation des officiers d'état-major et celle des régiments d'artillerie le rend pour de longs mois dépendant des Alliés. Sa vision de la guerre et de l'emploi des troupes est assez semblable à celle qui prévalait chez les Français en 1914. Sa propre armée est dans la même situation que l'armée française trois ans plus tôt. La guerre de mouvement et l'esprit offensif sont pour Pershing les principes qui doivent guider l'engagement de son armée. Il ne sait pas que « le feu tue » et, selon la tradition américaine, il fait confiance aux qualités de tireur de chaque soldat.

En octobre 1917, au terme de trois mois d'entraînement sous la houlette de la 26e division française à Gondrecourt-le-Château (Meuse), la 1re division d'infanterie monte en ligne, en Lorraine, à Barthelémont-lès-Bauzemont entre Luné-

TROUPES D'ASSAUT ALLEMANDES.

PICARDIE. UNE COLONNE D'INFANTERIE BRITANNIQUE MONTE EN LIGNE.

ville et Nancy, dans un secteur calme. C'est là, le 23 octobre, que le premier coup de canon, tiré par le 6e régiment d'artillerie de campagne, sonne l'entrée de l'Amérique dans la guerre. Puis, dans la nuit du 2 au 3 novembre, les tranchées américaines sont la cible d'un coup de main allemand. Les trois premiers *doughboys* (les soldats Hay, Enright et Gresham), appartenant au bataillon qui a défilé à Paris quatre mois plus tôt, sont tués et onze autres faits prisonniers. L'Amérique est au combat.

LE CORPS DES *MARINES*

À la fin de l'année, sept divisions sont sur pied, la plupart à l'entraînement. En mars 1918, les 300 000 hommes acheminés des États-Unis forment soixante divisions. Quand les troupes américaines sont en ligne, c'est par régiments isolés et amalgamés au sein de divisions françaises ou britanniques.

Depuis le 3 mars 1918, la situation de la guerre a évolué de façon très défavorable pour les Alliés. Ce jour-là, les bolcheviques, trahissant la parole donnée par la Russie, signent une paix séparée avec l'Allemagne, qui donne au haut commandement allemand le moyen de faire passer une quarantaine de divisions sur le front occidental.

Fort de cette nouvelle supériorité, le général Ludendorff entreprend aussitôt de terminer la guerre par une victoire qu'il veut arracher avant que les difficultés de son pays ne le contraignent à renoncer. Ses violentes attaques, menées en appliquant une nouvelle tactique mise au point pour en finir avec la guerre des tranchées, et qui a réussi aussi bien en Italie qu'en Russie grâce à l'emploi des *Stosstruppen* – groupes d'assaut formés d'hommes jeunes, sportifs et entraînés –, créent des poches dont la plus importante est profonde de 70 kilomètres. Du 21 mars au 27 mai mai, il lance une série de trois offensives. Péronne, Montdidier, Armentières, Soissons, Château-Thierry, le Chemin des Dames, que les Français ont eu tant de mal à reprendre l'année précédente, tombent l'un après l'autre. La Lys, la Somme, l'Ailette, la Vesle, l'Aisne sont franchies. En quelques semaines, la Marne est atteinte. C'est 1914 qui recommence. Paris est menacé, bombardé même dès le 23 mars par la « grosse Bertha ». Le spectre de la défaite reparaît une nouvelle fois.

Face au danger mortel qui les menace tous, les Alliés s'entendent, à la conférence de Doullens (Somme), le 26 mars 1918, pour nommer le général Foch « coordinateur de l'action de toutes les forces sur le front occidental ». Dans sa réponse au discours de réception du maréchal Pétain à l'Académie française en 1931, Paul Valéry dit tout crûment que « les Allemands imposent aux Alliés consternés ce que la sagesse leur conseillait dès l'origine ».

Des poches sont créées, mais le front n'est pas percé. Cependant, si les troupes tiennent, elles s'épuisent. Les quarante divisions françaises maintenues en réserve fondent dans la bataille. Le moral commence à fléchir. Foch écrit dans ses *Mémoires*: « Du côté allié nous étions pour le moment réduits à la défensive avec toutes ses perplexités, ses coups plus ou moins inattendus, les inquiétudes qu'elle répand partout, les incertitudes qu'elle provoque chez les chefs qui subissent ou attendent l'attaque et qui voient le danger incessant là où ils se trouvent. »

L'espoir ne peut venir que des Américains. Eux seuls ne sont pas encore en ligne. Dès le 28 mars, Pershing propose, ou plutôt demande, que ses divisions participent à la bataille.

La 1re division d'infanterie est la première à voir le feu. Le 25 mai, elle est engagée à Cantigny, à trois kilomètres à l'ouest de Montdidier (Somme). Le 28, elle s'élance à l'assaut et atteint ses objectifs. Elle tient le terrain conquis en dépit des contre-attaques allemandes. Le 31, Ludendorff renonce. Cette première victoire est remportée au prix de 80 soldats tués, 185 blessés et 7 disparus. Les Allemands découvrent ce nouvel adver-

TERRAIN MARTYRISÉ PAR L'ARTILLERIE.

UN OBUS VIENT D'ÉCLATER.
DES SOLDATS FRANÇAIS DÉCOUVRENT
LEURS CAMARADES HACHÉS.

saire dont, jusque-là, ils mésestimaient la valeur.

Quand, le 27 mai 1918, les Allemands lancent leur offensive, et qu'en moins de trois jours ils atteignent la Marne, la 2e division d'infanterie stationne entre Gisors (Eure) et Chaumont-en-Vexin (Oise), où elle poursuit son entraînement. Le 30 mai, elle est alertée. Le lendemain, elle rejoint Nanteuil-le-Haudouin (Oise) et May-en-Multien (Seine-et-Marne) où, sans attendre l'arrivée de son matériel, elle est engagée. Elle s'installe à une douzaine de kilomètres à l'ouest de Château-Thierry, au nord de Lucy-le-Bocage, pour barrer l'avance de l'armée allemande en marche vers Paris. Son horizon est limité par le bois de Belleau. Immédiatement, elle est au contact. Jetée dans la mêlée sans désemparer, elle se heurte aussitôt aux troupes allemandes en pleine progression victorieuse.

La 2e division d'infanterie, la division à la tête d'Indien, a été formée le 26 octobre 1917 à Bourmont (Haute-Marne). Elle compte deux brigades rassemblées en France, l'une appartenant à l'armée de terre (US Army) et l'autre au corps des *marines* (US Marine Corps) qui relève de la marine (US Navy). Les circonstances de l'engagement dans la guerre expliquent cette mixité inhabituelle.

Le corps des *marines* a été créé le 10 novembre 1775, au temps de la guerre d'Indépendance, et ne comptait à l'origine que deux bataillons. Sa première action a été la prise, en mars de l'année suivante, d'un fort anglais aux Bahamas, précédée d'un débarquement. Spécialisés dans ce type d'action, les *marines* s'illustrèrent par la suite aussi bien en Amérique que sur d'autres continents. Entre 1900 et 1917, leurs théâtres d'opérations furent la Chine, Panama, Haïti, Saint-Domingue, le Nicaragua, le Mexique, Cuba et les Philippines.

Placés sous les ordres directs du président des États-Unis, les *marines* sont autorisés par Wilson, le 25 mai 1917, à servir en France au sein de l'armée de terre. C'est l'élément le mieux entraîné et le plus aguerri de toutes les forces américaines.

Au sein de la 2e division, les deux brigades sont appuyées par une brigade d'ar-

TOMBES AMÉRICAINES DE BELLEAU.

tillerie forte de trois régiments, tous équipés de matériel français. Elles bénéficient encore de l'appui d'un bataillon de mitrailleuses, d'un régiment du génie, d'un bataillon de transmissions, et sont soutenues par toute la logistique nécessaire. La division américaine compte 28 000 hommes, soit bien plus que toutes les grandes unités semblables des armées alliées ou ennemies, qui avoisinent les 10 000 hommes seulement. Sa force est celle d'un corps d'armée. La présence au sein de la 2e division d'unités de terre et des *marines* crée un climat d'émulation perpétuelle, bien dans l'esprit américain de compétition, qui vaut à ses deux unités subordonnées le surnom de « brigades de chevaux de course ».

Les unités qui composent la 4e brigade de *marines* sont réunies en France. Le 5e régiment est arrivé en juin 1917, le 6e régiment au début de 1918 et le 6e bataillon de mitrailleuses a été formé sur place peu après. Les hommes qui servent dans ces unités sont des soldats de métier jouissant d'une réputation justifiée de bravoure, et qui ont été sélectionnés pour

MONUMENT « AUX HÉROÏQUES SOLDATS DE FRANCE » PRÈS DE LA CLAIRIÈRE DE L'ARMISTICE.

Pendant plus de quatre longues années, le feu est descendu du ciel. En autant de déferlantes apocalyptiques et tueuses qui ont fracassé des millions d'existences, broyé des chairs et vaporisé dans l'éther jusqu'aux âmes de ces soldats. Ils venaient tout juste de quitter un lycée, ou avaient abandonné pour un moment – qu'ils croyaient bref – un champ, un atelier, une usine, leur famille.

La guerre a tout englouti, même leurs hurlements, puisque le cri d'un soldat déchiqueté ne s'entend jamais. Il se confond avec le fracas de la bombe qui le tue.

L'Allemagne emporte dans ses maroquins le poids très lourd d'une défaite, conclue dans la tourmente, sous l'autorité de la France qui, la plus durement meurtrie sur son sol et amputée dans ses forces vives, ne pouvait que lui opposer la plus ferme intransigeance. L'Allemagne en prendra prétexte pour légitimer une revanche. Lors de la signature d'un autre armistice, en 1940, Hitler recueillera la signature de l'armée française vaincue dans le wagon historique du 11 novembre 1918. Celui-ci partira à Berlin comme trophée de guerre, ainsi que l'immense dalle, dont l'inscription rappelait : « Ici, le 11 novembre 1918, succomba le criminel orgueil de l'empire allemand vaincu par les peuples libres qu'il prétendait asservir. » Seule la statue de Foch sera épargnée par les nazis et attendra le retour de la dalle miraculeusement retrouvée dans les décombres de Berlin et le remplacement à l'identique du wagon historique volontairement détruit sur une voie de garage en Thuringe en 1945.

Chaque jour, de nombreux visiteurs se rendent dans la clairière de l'Armistice, à la rencontre respectueuse d'un haut lieu de la mémoire où s'est scellée la fin des souffrances de millions de combattants, d'un ascendant.

D'une trace de poudre à Sarajevo sur une tunique princière aux traces encrées de cinq calligraphies au bas d'un texte près de la gare de Rethondes, quatre années s'étaient écoulées. Elles avaient emporté 10 millions d'hommes. Si le 14 juillet suivant, en 1919, les poilus attendus ont défilé sous les vivats, pendant trois heures, le défilé invisible de leurs frères morts au champ d'honneur et qu'ils ne reverraient plus, aurait, lui, selon Dorgelès, duré 21 jours, sans discontinuer, sur le pavé des Champs-Élysées.

Ce cortège défile encore dans la mémoire de la Nation.

ALAIN DAUTRIAT

Bibliographie

LA MARNE

BLOND (Georges), *La Marne*. Paris, Les presses de la Cité, 1980.

FOCH (maréchal), *Mémoires pour servir à l'histoire de la guerre de 1914-1918*. Paris, Librairie Plon, 1931.

JOFFRE (maréchal), *Mémoires du maréchal Joffre*. Paris, Librairie Plon, 1932.

LE GOFFIC (Charles), *Les marais de Saint-Gond*. Paris, Librairie Plon-Nourrit, 1916.

RETAILLEAU (Léopold), *Musicien-brancardier, carnets de Léopold Retailleau, du 77e RI (1914-1918)*. Parcey-sur-Vienne, Anovi, 2003.

VILLATE (Robert), *Foch à la Marne, La 9e armée aux marais de Saint-Gond*. Paris, Charles-Lavauzelle, 1933.

LES VOSGES

ARMAU DE POUYDRAGUIN, (Général Louis, Marie, Gaston d'), *La Bataille des Hautes-Vosges, février-octobre 1915*. Paris, Payot, 1937.

BALMIER (Eric), ROESS (Daniel), *Scènes de tranchées dans les Vosges. La mémoire des photos et des cartes postales 1914-1916*. Strasbourg, Éditions du Rhin, 2002.

BERNARDIN (Sergent Joseph-Auguste), *Dans la fournaise du Linge avec le 5e B.C.P.* [S.l.], Mémorial du Linge, 1978.

DURLEWANGER (Armand), *Les Grands orages sur les Vosges, batailles pour la Tête des Faux, le Linge et l'Hartmannswillerkopf en 1914-18*. Strasbourg, Éditions des « Dernières nouvelles », 1969.

DURLEWANGER (Armand), *Le Drame du Linge, d'après le rapport d'opérations du général de Pouydraguin*. Colmar, Éditions Alsatia, 1968.

GIRAUD (Philippe), ROESS (Daniel), *À la découverte des champs de bataille d'Alsace. La Tête des Faux et le Linge*, Do Bentzinger, 2005.

HOLTZMANN (Albert), « La Tête des Faux, le drame de Noël 1914 » in *14-18 Le magazine de la Grande Guerre*, août-septembre 2001.

MAILLET (André), *Sous le fouet du destin, histoire d'une âme aux jours héroïques*, 1915-1916. Paris, Perrin, 1920.

MARTEAUX (Pierre). *Diables rouges, Diables bleus à l'Hartmannswillerkopf*. Paris, Payot, 1937.

TISSERAND (François), *Le Linge, tombeau des chasseurs. Mémoires d'un chasseur alpin*. Colmar, Association Mémorial du Linge, 2004.

http://www.abri-memoire.org

LES ÉPARGES, VAUQUOIS

FERIET (commandant R. de), *La Crête des Éparges, 1914-1918*. Paris, Payot, 1939.

FERIET (commandant R. de), *La Butte de Vauquois*. Paris, Payot, 1937.

GENEVOIX (Maurice), *Ceux de 14*. Paris, Flammarion, 1950.

LEMERCIER (Eugène-Emmanuel), *Lettres d'un soldat*. Paris, Bernard Giovanangeli Éditeur, 2004.

PEZARD (André), *Nous autres à Vauquois*. Paris, Renaissance du Livre, 1918.

NOTRE-DAME DE LORETTE

DAILLE (général M.), *Histoire de la guerre mondiale, Joffre et la guerre d'usure, 1915-1916*. Paris, Payot, 1936.

FOCH (maréchal), *op. cit.*

GALTIER-BOISSIÈRE (Jean), *Mémoires d'un parisien*. Paris, La Table Ronde, 1960.

JOFFRE (maréchal), *op. cit.*

JOUBERT (J. capitaine), *Les combats de Notre-Dame de Lorette*. Paris, Payot, 1939.

LAURE (général), *Pétain*. Paris, Berger-Levraut, 1941.

PALAT (général), *La Grande guerre sur le front occidental, IX - Les offensives de 1915 (décembre 1914-décembre 1915)*. Paris, Berger-Levrault, 1922.

VICTOR (Jean-Paul), « Le Verdun de l'Artois, Notre-Dame de Lorette » *in Mémoire du Front 1914-1918. Magazine programme des Rencontres Européennes de l'Histoire Mondiale.*

LA CHAMPAGNE

BASTIER (Jean), « Blaise Cendrars, le légionnaire de 1914-1915 » *in Écrivains combattants de la Grande Guerre*. Paris, Bernard Giovanangeli Éditeur-Ministère de la Défense, 2004.

DAILLE (général M.), *op. cit.*

JOFFRE (maréchal), *op. cit.*

PALAT (général), *op. cit.*

VERDUN

BLOND (Georges), *Verdun*. Paris, Presses de la Cité, 1961.

BOUVARD (colonel), *La gloire de Verdun. Les faits, le commandement, le soldat*. Paris, Payot, 1935.

CANINI (Gérard), *Combattre à Verdun. Vie et souffrances quotidiennes du soldat 1916-1917*. Nancy, Presses Universitaires de Nancy, 1988.

ISORNI (Jacques); CADARS (Louis), *Histoire véridique de la Grande Guerre*. Paris, Flammarion 1968.

LEFEBVRE (Jacques-Henri), *Verdun, la plus grande bataille de l'Histoire racontée par les survivants*. Paris, Durassié, 1960.

MUENIER (Pierre Alexis), *L'angoisse de Verdun*. Nancy, Presses Universitaires de Nancy, 1991.

PÉRICARD (Jacques), *Verdun 1914-1918*. Paris, Librairie de France, 1933.

PÉTAIN (maréchal), *La bataille de Verdun*. Paris, Payot, 1929.

SERVICE HISTORIQUE DE L'ARMÉE DE TERRE. *1916, année de Verdun*. Paris-Limoges, Lavauzelle, 1986.

Verdun 1916. Actes du colloque international sur la bataille de Verdun (juin 1975). Association du souvenir de la bataille de Verdun et Université de Nancy II, 1976.

THIEPVAL

CARNOY (M.), HALLADE (J.), *La Bataille de la Somme*. Paris, Tallandier, 1988.

FARRAR-HOCKLEY (A.H.), *1er juillet à l'aube. Somme 1916*. Paris, Presses de la Cité, 1965.

BUCHAN (J.), *La Bataille de la Somme*. Nelson & Sons, s.d.

LA CRÊTE DE VIMY

CAVE (Nigel), *Vimy Ridge Arras*. Londres, Leo Cooper, Collection "Battleground Europe", 1996.

CHRISTIE (Norm), *Les Canadiens à Vimy, Avril 1917*. C.E.F. Books, Collection "For King and Empire", s.d.

LABAYLE (Éric), *Byng Boys! Les Canadiens dans la Grande Guerre, 1914-1918*. Parçay-sur-Vienne, Anovi, 1999.

LABAYLE (Éric), *9 Avril 1917: les Canadiens à Vimy*. Louviers, Ysec Éditions, 2001.

LE CHEMIN DES DAMES

DUCASSE (André), MEYER (Jacques), PERREUX (Gabriel), *Vie et mort des Français, 1914-1918*, Paris, Hachette, 1962.

Atlas des nécropoles nationales. Paris, La Documentation française, 1994.

BERNÈDE (colonel A.), « Les Français à l'assaut du Chemin des Dames », *14-18, le magazine de la Grande Guerre*, n° 3, août-septembre 2001 et « De l'enfer au drame du Chemin des Dames », n° 5, décembre 2001-janvier 2002.

BUGNET (lieutenant-colonel Ch.), *Rue Saint-Dominique et G.Q.G. ou les trois dictatures de la guerre*, Paris, Librairie Plon, 1937.

DEFENTE (Denis) (dir.), *Le Chemin des Dames, 1914-1918*, Paris, Somogy éditions d'art, 2003.

DE GAULLE (Charles), *La France et son armée*, Paris, Librairie Plon, 1938.

GUILLEMIN (Dominique), *L'année 1917*, Ministère de la Défense, secrétariat d'Etat aux Anciens combattants, Délégation à la mémoire et à l'information historique, 1997.

HAZAËL-MASSIEUX (Henri) et HEYRAUD (Emmanuel), *1914-1918, l'Empire dans la guerre*, Ministère de la Défense, secrétariat d'Etat aux Anciens combattants, Délégation à la mémoire et à l'information historique, 1997.

GUÉNO (Jean-Pierre) et LAPLUME (Yves) (dir.), *Paroles de poilus. Lettres et carnet du front (1914-1918)*, Paris, Radio France, 1998.

GERVEREAU (Laurent) et PROCHASSON (Christophe) (dir.), *Images de 1917*, Catalogue de l'exposition présentée au musée d'Histoire contemporaine, bibliothèque de documentation internationale contemporaine, de juin à décembre 1987.

OFFENSTADT (Nicolas), *Les fusillés de la Grande Guerre et la mémoire collective (1914-1999)*, Paris, Editions Odile Jacob, 1999.

NOBÉCOURT (R.G.), *Les fantassins du Chemin des Dames*, Luncray, Editions Bertout, 1983.

LE BOIS DE BELLEAU

DUCASSE (André), MEYER (Jacques), PERREUX (Gabriel), *op. cit.*

HENRY (Mark R), *US Marine Corps in World War I, 1917-1918*, Oxford, Osprey Publishing, 1999.

HOFF (Thomas A), *US Doughboy, 1916-19*, Oxford, Osprey Publishing, 2005.

KASPI (André), *le Temps des Américains, 1917-1918*, Paris, Publications de la Sorbonne, 1976.

LABAYLE (Eric), « la Bataille du bois de Belleau (30 mai-5 juillet 1918) », *14-18, le Magazine de la Grande Guerre*, n° 22, octobre-novembre 2004.

Les Troupes alliées en France, 1914-1918, Paris, Ministère de la Défense, Direction de la Mémoire, du Patrimoine et des Archives, 2000.

PERSHING (Général), *My Experiences in the World War*, 1931.

REQUIN (lieutenant-colonel), *la Course de l'Amérique à la Victoire*, 1979.

STALLINGS (Laurence), *les Sammies.* Paris, Stock, 1963.

VOTAW (John F), *The American Expeditionary Forces in World War I*, Oxford, Osprey Publishing, 2005.

LA CLAIRIÈRE DE RETHONDES

LAFFARGUE (ANDRÉ), *Foch et la bataille de 1918*. Paris, Arthaud, 1967.

MEYER (Jacques), *Le 11 Novembre.* Paris, Hachette, 1964.

NOBÉCOURT (R.-G.), *L'année du 11 Novembre (1918).* Paris, Robert Laffont, 1968.

RENOUVIN (Pierre), *L'Armistice du 11 Novembre.* Paris, Gallimard, 1968.

WEYGAND (général), *Le 11 novembre.* Paris, Flammarion, 1958.

CRÉDITS PHOTOGRAPHIQUES

© Agence Roger-Viollet, 10, 18, 20, 52, 112, 117, 146.

© John Foley. Les Champs de la Mémoire, 2, 5, 7, 19, 21, 39, 45, 46, 48, 56, 59, 67, 69, 72, 73, 89, 91, 92, 97, 108, 110, 111, 113, 119, 121, 123, 134, 135, 138, 139, 151, 157, 159, 160.

© Collection Daniel Roess, 22, 26,

© Collection Jean-Pierre Verney, 1, 3 , 6, 9, 13, 15, 17, 25, 28, 41, 42, 44, 50, 54, 55, 62, 68, 79, 81, 82, 84, 85, 87, 99, 100, 101, 102, 104, 105, 107, 115, 124, 126, 127, 128, 129, 130, 131, 133, 140, 141, 143, 154, 155, 156, couv p. 4.

© Bernard Marc, 51, 61, 120, 136, 148, 152.

L'Illustration, 38, 64, 65, 66, 76, 96, 116, 117, 118, 138, 144, 145.

© Gilles Seegmuller, 4, 11, 18, 20, 23, 29, 30, 31, 32, 33, 34, 35, 37, 63, 70, 71, 74, 75, 77, 88, 95, 125, couv. p.1.

En couverture : Le champ de bataille du Linge.

Achevé d'imprimer en octobre 2005
sur les presses de l'imprimerie Cayfosa-Quebecor
à Barcelone

Imprimé en Espagne